ELON MUSK EN 50 TWEETS

Du même auteur

Toxic Data
Comment les réseaux manipulent nos opinions
Flammarion, 2022 ; « Champs actuel » 2023

ISBN 978-2-02-160304-0

DAVID
CHAVALARIAS

ELON MUSK EN 50 TWEETS

Éditions du Seuil
57, rue Gaston-Tessier, Paris XIXe

Twitter-X pour les nuls

Twitter-X est un média social, fondé en 2006, où chaque utilisateur tient en quelque sorte son propre journal. Les « articles » sont des « tweets », messages initialement limités à 140 caractères, publiés sur un compte personnel (ex. @elonmusk). Tous les tweets sont par défaut publics.

Un utilisateur peut s'abonner à autant de comptes utilisateur qu'il le souhaite (flèches). Sur la figure, B est un abonné de A et reçoit ses messages. On dit que A fait partie des abonnements de B, de même que B fait partie des abonnements de C.

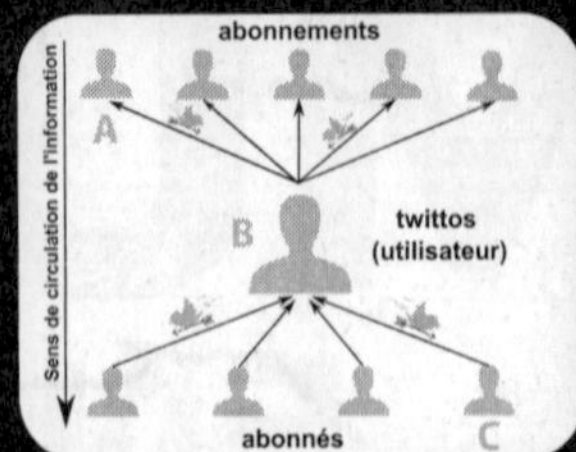

Le flux d'information sur Twitter-X va des abonnements vers les abonnés. Un algorithme de recommandation ordonne en temps réel les messages des abonnements d'un utilisateur pour les afficher dans son fil d'actualité.

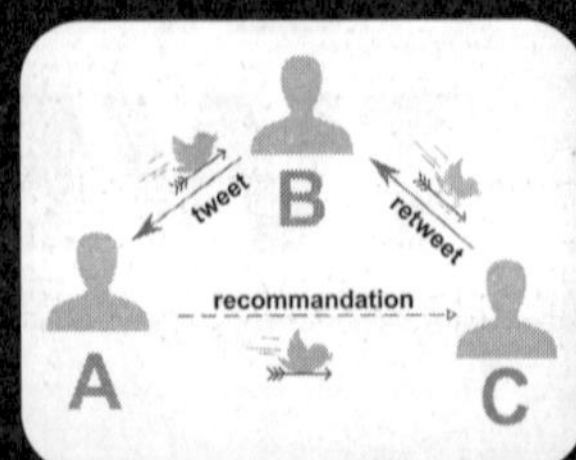

Si B apprécie un message de A, il peut décider de le retweeter de sorte que certains de ses abonnés, comme C, le reçoivent dans leur fil d'actualité.

Dans certains cas, l'algorithme de recommandation de Twitter-X peut estimer qu'un message de A est intéressant pour C quand bien même C ne serait pas abonné à A et l'afficher directement dans son fil d'actualité (flèche pointillée). C'est ce qu'on appellera des messages hors abonnements.

Sur les tweets

Afin de faciliter le travail de l'administration Trump 2025, nous avons marqué d'un *astérisque les mots qu'elle a déclarés tabous au début de son mandat. Nous nous sommes appuyés sur le recensement effectué par les journalistes du *New York Times* (d9qB1) qui ont eu accès aux mémos internes de ses services.
Tous les tweets et références mentionnés dans cet ouvrage sont archivés de manière pérenne sur le site https://archive.is
Pour accéder à cette archive – et au contenu original –, il suffit d'utiliser le code à cinq lettres associé à la référence.

Par exemple, le premier tweet de l'ouvrage est disponible à l'URL : https://archive.is/Dg7RW
Tous les tweets mentionnés dans cet ouvrage ainsi que des documents complémentaires et index sont accessibles en ligne : http://musk.chavalarias.org

2*B* ≠!!2*B*

Elon Musk
@elonmusk

Department of Government Efficiency

9:26 AM · Sep 7, 2024 · **215.8M** Views

42K 95K 735K 16K

Dg7RW

D.O.G.E.

D.O.G.E.

Donald J. Drumpf (Parody)
@RealDonalDrumpf

Many people are saying they can hear Elon's 4-year-old son X telling me: "You're not the president you need to go away." Ridiculous!

DO NOT RETWEAT!!!!!

8:24 PM · Feb 12, 2025 · **37.2K** Views

31 351 726 51

qTiJ7

@RealDonalDrumpf – Compte parodique (12-02-2025)
Beaucoup de gens disent qu'ils peuvent entendre le fils d'Elon, X, âgé de 4 ans, me dire : « Tu n'es pas le président, tu dois t'en aller. » C'est ridicule !
NE PAS RETWEATER !!!!!

DOGE

C'est l'une des premières images d'Elon Musk en tant que chef du Département de l'Efficacité du gouvernement (DOGE : Department of Government Efficiency). Probablement celle qui restera comme l'une des plus emblématiques du second mandat de Donald Trump.

Le 12 février 2025, dans le Bureau ovale, le président des États-Unis s'apprête à signer le décret visant à « réduire la taille du gouvernement fédéral, à éliminer le gaspillage et la surabondance ». Elon Musk, en tee-shirt au milieu de hauts représentants du pouvoir tirés à quatre épingles, présente devant un parterre de journalistes sa nouvelle mission en tant qu'exécutant du futur décret.

Que la conférence de presse d'un prestataire de la Maison-Blanche se tienne dans le lieu le plus emblématique du pouvoir a de quoi surprendre. Mais ce n'est qu'un avant-goût de l'impensable. Car Elon Musk n'est pas venu seul. À ses côtés, l'un de ses douze enfants, X Æ A-Xii, aussi appelé « Petit X », se met les doigts dans le nez tandis que son père affirme que « le rôle du DOGE et d'une partie significative de cette présidence est de restaurer la démocratie », quand soudain « Petit X » se tourne vers Trump et lui lance de but en blanc : « Tu n'es pas le président, tu dois t'en aller. »

On ne pouvait imaginer plus belle métaphore de la situation *politique aux États-Unis : alors que l'on feint de protéger la démocratie, « Petit X » rappelle à Trump que sans le réseau social de son père il ne serait rien (et serait même de toute évidence en prison). Elon Musk, qui pourtant n'a pas de mandat électif, est le véritable homme fort de Washington. L'homme le plus riche du monde, qui en quelques années s'est emparé d'infrastructures stratégiques mondiales avec l'aide de fonds de l'État fédéral des États-Unis, s'apprête à le décapiter.

Que recouvre le mot « efficacité » du DOGE ? En quoi cette nouvelle fonction, taillée sur mesure pour Elon Musk, sert-elle ses intérêts ? Que devons-nous attendre de la nouvelle « star » des États-Unis qui sous couvert de réformer l'État fédéral américain l'a mis sous sa coupe ?

C'est ce que nous allons explorer à partir des verbatims de l'intéressé sur son réseau social favori, X-ex-Twitter.

The Dogefather

Un premier point commun entre Elon Musk et Donald Trump permet de saisir la notion d'« efficacité » à laquelle fait référence le E de DOGE : une fâcheuse habitude de virer les gens de manière brutale. Trump s'est fait connaître du grand public au début des années 2000 grâce à l'émission de téléréalité *The Apprentice*. Il y faisait passer des entretiens d'embauche à coups d'épreuves et éliminait les postulants un par un d'un célèbre : « *You're fired !* » (Vous êtes viré !) pour enfin proposer au dernier en lice un poste de cadre supérieur au sein de son entreprise.

Dans ce domaine, Elon Musk est passé maître grâce à l'industrialisation des licenciements par la technologie. Prétextant que les États-Unis courraient à la faillite (n4TqD), ses premières actions à la tête du DOGE ont été d'« effacer » purement et simplement des agences fédérales entières pour faire des économies. Sa première cible ? L'US Agency for International Development (USAID), une agence créée en 1961, chargée de l'aide humanitaire et du développement économique à travers le monde, dont le site Internet a été désactivé dès le 4 février 2025.

Parmi ses méthodes favorites pour licencier : le courriel.

> « L'Agence estime que vous n'êtes pas apte à conserver votre emploi parce que vos capacités, vos connaissances et vos compétences ne correspondent pas aux besoins actuels et que vos performances n'ont

Elon Musk @elonmusk

Making govt waste an offer it can't refuse

Traduire le post

7:46 PM · 4 mars 2025 · **32,8 M** vues

9 k 22 k 199 k 4 k

qTiJ7

@elonmusk (04-03-2025)
Faisant au gaspillage gouvernemental une offre qu'il ne peut pas refuser.

[N.d.A.] Sur la tronçonneuse, offerte par le nouveau président argentin Javier Milei, on peut lire son slogan anarcho-capitaliste fétiche, *Viva la libertad carajo !* (Vive la liberté, bon sang !). Le faisceau laser sortant des yeux d'Elon Musk est un symbole utilisé par la communauté Bitcoin pour indiquer un fort sentiment haussier, Elon Musk possédant via Tesla plusieurs dizaines de millions de dollars dans cette cryptomonnaie. Associé à cette tronçonneuse, un aplat rouge évoque une action brutale et violente.
Elon Musk a titré son mème « The Dogefather », contrepèterie du titre du film de Francis Ford Coppola, *The Godfather* (*Le Parrain*).

pas été suffisantes pour justifier la poursuite de votre emploi au sein de l'Agence. »

Reçu sans préavis par des milliers d'employés de l'État fédéral sélectionnés au petit bonheur la chance, ce message s'accompagnait de la désactivation de tous les accès à l'infrastructure numérique du gouvernement.

Cette manière de faire a semé le chaos jusqu'au sein de l'Administration nationale de la sécurité nucléaire, l'agence fédérale en charge de la gestion des stocks d'armes nucléaires. Même des agents ayant l'habilitation « Q », le plus haut niveau d'habilitation de sécurité, en ont été licenciés sans préavis[1].

Certaines mauvaises langues ont pu sous-entendre que le E du DOGE tenait plus de l'empressement que de l'efficacité. C'est oublier que ce mode opératoire, loin de relever de l'amateurisme, fait partie d'une stratégie préparée de longue date pour la seconde mandature Trump.

Elon Musk
@elonmusk

Starship will make life multiplanetary, preserving life as know from extinction events on Earth, so long as it is not smothered by bureaucracy.

There is more government regulatory smothering every year. If this continues, all large projects in the United States will be illegal.

For example, look at the farcically slow build of the high-speed rail line in California. After spending several billion dollars over many years, there is almost no progress.

The Department of Government Efficiency is the only path to extending life beyond Earth.

Curiosity @MAstronomers · Sep 13, 2024
"Starship will take humanity to Mars" - Elon Musk

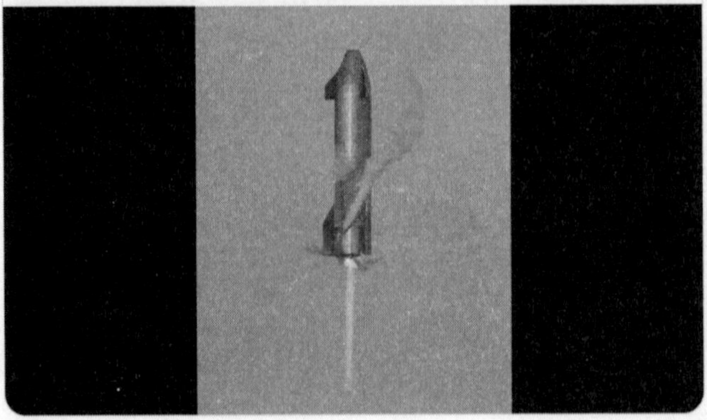

7:08 PM · Sep 13, 2024 · **84.3M** Views

15K 32K 254K 10K

QOMb4

« Les mettre en situation de *traumatisme »

Afin de ne pas répéter les erreurs du premier mandat Trump, dont la mainmise sur les États-Unis n'avait pu être que partielle, le think tank conservateur Heritage Foundation a rédigé en amont de la présidentielle un document de 900 pages pour préparer la transition présidentielle, le « Projet 2025 ».

Ses propositions sont si extrêmes que Donald Trump a cru bon de s'en distancier pendant sa campagne, en déclarant : « Certaines des choses qu'ils disent sont absolument ridicules et abominables[2] », tandis qu'en coulisses il assurait aux membres de l'Heritage Foundation que leurs propositions seraient cruciales pour définir les

---

▶ @MAstronomers (13-09-2024)
« Starship mènera l'humanité sur Mars » - Elon Musk

@elonmusk (13-09-2024)
Starship rendra la vie multiplanétaire, préservant la vie telle qu'on la connaît des événements d'extinction sur Terre, tant qu'elle n'est pas étouffée par la bureaucratie. L'étouffement par la réglementation gouvernementale s'intensifie d'année en année. Si cela continue, tous les grands projets aux États-Unis deviendront illégaux. Prenons l'exemple de la construction ridiculement lente de la ligne ferroviaire à grande vitesse en Californie. Après avoir dépensé plusieurs milliards de dollars sur plusieurs années, il n'y a pratiquement aucune avancée.
Le Département de l'Efficacité gouvernementale est le seul moyen de prolonger la vie au-delà de la Terre.

priorités de son second mandat (jnWqU). Et force est de constater que non seulement Trump les exécute à la lettre, mais qu'il a fait siennes également des propositions formulées en off par les membres de l'Heritage Foundation, comme le fait d'« éradiquer les références au changement climatique absolument partout ».

C'est dans ce cadre qu'il faut interpréter la brutalité des premiers pas d'Elon Musk à la tête du DOGE. Russell Vought, l'un des principaux conseillers de Donald Trump et architecte du Projet 2025, avait ainsi déclaré, lors d'une série de discours privés où il détaillait les plans visant à supprimer l'Agence de protection de l'environnement (EPA)[3] : « Nous voulons que les bureaucrates soient traumatisés. Lorsqu'ils se réveillent le matin, nous voulons qu'ils n'aient plus envie d'aller travailler parce qu'ils seront de plus en plus considérés comme des scélérats. Nous voulons que leurs financements soient suspendus afin que l'EPA ne puisse plus appliquer, faute de moyens financiers, la réglementation qui nuit à notre industrie énergétique[4]. »

Il y a donc une convergence de méthodes entre le premier cercle de l'administration Trump et Elon Musk. Mais qu'en est-il des motivations et objectifs de ce dernier ? Sa déclaration du 13 septembre 2024 (p. 16-17), peu après l'annonce de la création du DOGE, laisse perplexe. Il y mêle phobie de la bureaucratie, DOGE et conquête spatiale.

Comment une agence (presque) fédérale à l'efficacité du gouvernement peut-elle bien être le « seul moyen d'étendre la vie au-delà de la Terre » ?

Democratic Wins Media
@DemocraticWins

BREAKING: In a stunning leak, Donald Trump gave the keynote address at the Heritage Foundation where he announced the work the foundation did (Project 2025) would be crucial to his policy goals. Retweet so all Americans know Trump will enact Project 2025.

From **Vaughn Hillyard**

6:20 PM · Sep 16, 2024 · **4.4M** Views

3.6K 42K 70K 6.4K

@DemocraticWins (16-09-2024)
BREAKING : Une fuite stupéfiante révèle que Donald Trump a prononcé un discours d'ouverture à la Heritage Foundation où il a annoncé que le travail effectué par la fondation (Projet 2025) serait crucial pour ses objectifs politiques. Retweeter pour que tous les Américains sachent que Trump va mettre en œuvre le Projet 2025.

Elon Musk @elonmusk · Dec 16, 2023
Replying to @elonmusk
Unlock making life **multiplanetary**

1.8K 1.2K 13K 2.5M

Elon Musk @elonmusk · Nov 26, 2023
Replying to @teslaownersSV
We're making great progress on that front.

Making consciousness sustainably **multiplanetary** is the overarching mission.

191 155 1.5K 78K

Elon Musk @elonmusk · Nov 19, 2023
For the first time, there is a rocket that can make all life **multiplanetary**.

A fork in the road of human destiny.

17K 33K 350K 48M

Elon Musk @elonmusk · Nov 1, 2023
Replying to @teslaownersSV
It's meant for making life **multiplanetary**

195 162 1.9K 87K

MULTIPLANÉTAIRE
MULTIPLANETARY

Elon Musk @elonmusk · Oct 12, 2018

You should ask why I would want money. The reason is not what you think. Very little time for recreation. Don't have vacation homes or yachts or anything like that.

1.1K 4K 37K

Elon Musk
@elonmusk

About half my money is intended to help problems on Earth & half to help establish a self-sustaining city on Mars to ensure continuation of life (of all species) in case Earth gets hit by a meteor like the dinosaurs or WW3 happens & we destroy ourselves

8:16 PM · Oct 12, 2018

3.4K 12K 74K 492

5BXpx, L5LSo

[N.d.A.] WW3 est l'acronyme de World War 3, la troisième guerre mondiale, dont certains craignent qu'elle déclenche un hiver nucléaire signant la fin de la plus grande partie des êtres vivants. Einstein aurait dit à son propos : « La troisième guerre mondiale sera dévastatrice. Pour la quatrième : ils utiliseront des pierres et des bâtons ! »

« Follow the money »

Pour comprendre, au-delà de sa haine des fonctionnaires, en quoi le DOGE et la vie extraterrestre sont liés dans l'esprit d'Elon Musk, rien de tel que de regarder ce à quoi il emploie sa fortune. Voici sa réponse à la question d'un utilisateur de X (5BXpx, L5LSo) :

> Vous devriez demander pourquoi je veux de l'argent. La raison n'est pas celle que vous pensez. Très peu de temps pour les loisirs. Pas de maison de vacances, pas de yatch ou quoi que ce soit de ce genre.
>
> Environ la moitié de mon argent est destinée à régler les problèmes sur Terre & l'autre moitié à participer à la construction d'une ville autonome sur Mars pour assurer la continuation de la vie (de toutes les espèces) au cas où la Terre serait frappée par un météore, comme pour les dinosaures, ou que la WW3 se produise & que nous nous détruisions nous-mêmes.

Contre toute attente, l'homme le plus riche du monde déclare donc consacrer sa fortune à la préservation de la vie, sur Terre et au-delà ; et, au vu du nombre de tweets sur le sujet et des différents témoignages de ses proches, tout porte à croire qu'il est sincère.

L'espèce humaine fait face à un nombre croissant de menaces, c'est incontestable. Si la probabilité de finir comme les dinosaures reste faible à moyen terme, les *risques existentiels qui pèsent sur l'humanité sont bien réels et issus, pour la plupart, de l'inconséquence des humains. Pour n'en mentionner que quelques-uns : pandémie dévastatrice, guerre nucléaire totale, *crise climatique, effondrement de la biodiversité et même, pour certains, développement incontrôlé des IA.

Avant de se réjouir qu'Elon Musk veuille nous protéger de tout cela, rappelons-nous que l'enfer est pavé de bonnes intentions. Sur quelle vision du monde son projet est-il fondé ? Quels sont les problèmes identifiés et les solutions envisagées ?

Pour y répondre, il nous faut trouver d'où vient cette obsession pour la préservation de l'humanité au-delà de la disparition prévisible, à très long terme, de la Terre...

La Loi Zéro

« Je devrais expliquer la philosophie qui sous-tend mes actions. Elle est assez simple et principalement influencée par Douglas Adams et Isaac Asimov », tweetait Elon Musk le 15 juin 2018 (JAprj). Avant de préciser quelques minutes plus tard : « La série *Fondation* et la Loi Zéro sont aux fondements de la création de SpaceX » (d4nR5).

Sur X, Elon Musk fait très régulièrement référence à sa lecture de l'œuvre d'Asimov pour justifier ses choix de vie, et en particulier à *Fondation*. Face à l'imminence d'un âge sombre, les héros de cette saga élaborent un plan pour construire dans une région reculée de la galaxie une ville refuge destinée à préserver la conscience humaine : Terminus. Une lecture qui, selon ses tweets, l'a influencé dès son enfance (3ytlR).

D'après ses proches, la science-fiction aurait été une échappatoire face à l'extrême violence de son père et du milieu afrikaner, ce qui expliquerait l'empreinte considérable de cette littérature sur sa psyché[5]. Mais quelle est donc cette Loi Zéro présentée comme si fondamentale ?

La fiction d'Asimov s'organise autour de ce qu'il a appelé les Trois Lois de la robotique. Elles ont influencé l'ensemble de la littérature de science-fiction et même les théories contemporaines de l'intelligence artificielle. Les voici, numérotées par ordre de préséance :

Elon Musk @elonmusk · 15 juin 2018 ···

Should prob articulate philosophy underlying my actions. It's pretty simple & mostly influenced by Douglas Adams & Isaac Asimov.

975 2 k 21 k

Ce post a été supprimé par son auteur. En savoir plus

Elon Musk
@elonmusk

Foundation Series & Zeroth Law are fundamental to creation of SpaceX

Traduire le post

6:56 PM · 15 juin 2018

42 135 1 k 32

d4nR5, JAprj

@elonmusk (15-06-2018)
Je devrais expliquer la philosophie qui sous-tend mes actions. Elle est assez simple et principalement influencée par Douglas Adams et Isaac Asimov.
La série *Fondation* et la Loi Zéro sont aux fondements de la création de SpaceX.

[N.d.A.] Elon Musk justifie régulièrement ses choix d'homme d'affaires par sa lecture d'Asimov. Dans son œuvre, la Loi « Zéro » de la robotique est pour Musk si importante qu'elle a été gravée sur du verre et placée dans la boîte à gants de la voiture Tesla qu'il a envoyée à destination de Mars en 2018 (45SaJ, 7U78s). Voir également UMPUY, d4nR5 & hSAR8.

1. Un robot ne peut blesser un être humain ou, par son inaction, permettre qu'un être humain soit blessé.
2. Un robot doit obéir aux ordres qui lui sont donnés par les êtres humains, sauf si ces ordres sont contraires à la Première Loi.
3. Un robot doit protéger sa propre existence tant que cette protection n'entre pas en conflit avec la Première ou la Deuxième Loi[6].

À force d'explorer les conséquences de ces trois lois sur l'interaction entre humains et robots, Asimov avait ressenti le besoin d'ajouter une loi encore plus fondamentale, qui en toute logique devait être numérotée 0 : « Un robot ne peut mettre en danger l'humanité ou, par son inaction, permettre que l'humanité soit en danger[7]. »

Comme nous allons le voir, cette Loi Zéro change radicalement le rapport entre humains et robots, et probablement entre Elon Musk et ses contemporains.

Elon Musk
@elonmusk

Asimov's Foundation series was part of the inspiration for making life/consciousness multiplanetary.

Being multiplanetary greatly extends the probable lifespan of civilization.

We must build Terminus.

From **Jon Erlichman**

11:13 AM · Jul 11, 2024 · **36.2M** Views

8.7K 14K 90K 10K

hSAR8

@elonmusk (11-07-2024)
La série *Fondation* d'Asimov a été en partie à l'origine de l'idée de rendre la vie/conscience multiplanétaire. Le fait d'être multiplanétaire prolonge considérablement la durée de vie probable de la civilisation. Nous devons construire Terminus.

[N.d.A.] Elon Musk évoque très régulièrement la nécessité de construire l'équivalent de Terminus sur Mars. (Voir également : hSAR8, KqDy0, jVqv9.)

Long-termisme

La Loi Zéro étant plus fondamentale que la première loi de la robotique, elle introduit une rupture radicale dans les rapports entre robots et humains. Quand la survie de l'humanité est en jeu, on se doit d'agir et tout devient permis, y compris le sacrifice de vies humaines.

Elon Musk a trouvé le pendant contemporain de la Loi Zéro dans un courant philosophique qu'il a par la suite financé[8] : le long-termisme. Pour ses adeptes, le fait d'influencer positivement l'avenir à long terme est une priorité morale majeure, ce qu'ils appellent l'« altruisme efficace[9] ». Le long terme s'entend ici à l'échelle de l'humanité, soit des milliards d'années. Pour guider les décisions en accord avec cet impératif, certains comme Nick Bostrom[10] ont adopté un axiome radical : « La vie d'un être humain a la même valeur quel que soit le moment où elle se situe dans le futur. » Cette croyance dogmatique a deux corollaires importants.

Premièrement, le bien-être de la population actuelle ne compte que pour une fraction infime de celui de l'humanité envisagée dans son ensemble. La priorité doit donc aller à la maximisation du bien-être des êtres humains qui ne sont pas encore nés.

Deuxièmement, prévenir les *risques d'extinction de l'humanité devient un impératif moral puisque cette dernière anéantirait le potentiel de bien-être des générations futures. L'inaction n'est plus une option, même au prix du sacrifice de presque toute la population actuelle.

C'est la mission prométhéenne que s'est donnée Elon Musk, avec toute l'obstination et l'ingéniosité qui est la sienne.

Une fois qu'une telle idée s'empare d'un esprit persévérant, il est difficile d'y résister. Si l'on considère l'évolution de la vie depuis son apparition, selon Elon Musk : « Il n'y a qu'une poignée d'étapes vraiment importantes : la vie unicellulaire, la vie multicellulaire, la différenciation des plantes et des animaux, la vie qui s'étend des océans à la terre ferme, les mammifères, la conscience. Sur cette échelle, figurera également la transition vers une vie multiplanétaire[11]. » Cette idée apporte à celui qui l'embrasse la noblesse du sauveur de l'humanité et l'immortalité de la septième étape de la vie depuis 4,5 milliards d'années. Si, pour une raison ou une autre, vous vous êtes convaincu d'être l'élu, les sirènes de super-héros sont irrésistibles. Le sésame ? Comme le répète Musk de tweet en tweet : construire Terminus.

Si Elon Musk suit la pensée de Nick Bostrom à la lettre, il y aurait même urgence à le faire, chaque seconde de retard dans la colonisation martienne faisant selon ce dernier perdre à l'humanité 10^{29} vies humaines potentielles[12]...

Checklist

> J'essaie de rendre la vie multiplanétaire pour maximiser la durée de vie probable de la conscience. Certains des éléments ci-dessous sont nécessaires à cette fin (Elon Musk, ROVLy).

Ainsi réagissait Elon Musk, le 21 novembre 2024, à la couverture du *Times Magazine* qui faisait figurer le quasi-trillionnaire face à une liste d'accomplissements tout aussi impressionnante qu'hétéroclite. Dans cet inventaire à la Prévert : devenir l'homme le plus riche du monde, acheter Twitter, lancer des fusées, faire élire Trump, développer des implants neuronaux…

Avec comme cadre la philosophie du long-termisme et la Loi Zéro, cette liste, comme nous le verrons, prend tout son sens, et le bien-être de la population mondiale, quant à lui, n'y a pas sa place.

En déplaçant l'impératif moral du niveau individuel au niveau de l'humanité, Musk se débarrasse au passage d'un poids qui l'a singularisé toute sa vie : son manque d'empathie (capacité à comprendre ce que les autres pensent et ressentent, qui nous permet d'entrer en résonance avec de parfaits inconnus et constitue un ciment fondamental de nos sociétés).

« Je vais entrer dans l'histoire ce soir en devenant la première personne atteinte du syndrome d'Asperger à animer SNL – ou du moins la première à l'admettre », avait-il ainsi déclaré dans l'émission *Saturday Night Live* le 8 mai 2021[13]. « Je n'établirai pas

Elon Musk
@elonmusk

To be clear, I have not done any media interviews and this is not actually my checklist.

I am trying to make life multiplanetary to maximize the probable lifespan of consciousness. Some of the items below are needed for that.

ALEX @ajtourville · Nov 21, 2024
Time Magazine — Citizen Musk

3:32 PM · Nov 21, 2024 · **19.6M** Views

8.8K 16K 138K 5.4K

beaucoup de contacts visuels avec les invités de ce soir, mais ne vous inquiétez pas, je suis plutôt doué pour émuler le mode “humain”. » « Émuler le mode humain », voilà un vocabulaire digne d’un robot qui s’apprête à appliquer la Loi Zéro !

Il y a deux avantages pour Elon Musk à adhérer à l’altruisme efficace, c’est-à-dire à donner la priorité à une humanité constituée d’individus qui n’existent pas encore. D’une part, il adopte une posture morale en se consacrant à une cause philanthropique qui, d’après Nick Bostrom, atteint un « niveau de rentabilité utilitaire » inégalée[14]. D’autre part, cela lui permet de mettre son manque d’empathie pour ses contemporains sous le tapis d’une empathie comptable, rationnelle, « émulée », envers l’ensemble de l’humanité[15].

Les *risques existentiels étant de plus en plus nombreux et prégnants, Elon Musk est en mission pour sauver l’humanité, quoi qu’il en coûte pour ses « comptant pour rien ». Pour comprendre ce qui nous attend, analysons donc les obstacles identifiés par Elon Musk dans la quête de son Graal et les moyens utilisés pour les surmonter.

Jusqu’où appliquera-t-il la préséance de la Loi Zéro sur la première pour les surmonter ?

▶ @ajtourville (21-11-2024)
Time Magazine - Citoyen Musk

@elonmusk
Pour être clair, je n’ai accordé aucune interview aux médias et il ne s’agit pas de ma liste de tâches. J’essaie de rendre la vie multiplanétaire pour maximiser la durée de vie probable de la conscience. Certains des éléments ci-dessous sont nécessaires à cette fin.

Elon Musk @elonmusk · Aug 12, 2024

Replying to @eyeslasho

As this insufferable douchebag illustrates, old **Twitter** was a far left propaganda machine.

Now we actually have **free speech**.

805 2.2K 17K 429K

Elon Musk @elonmusk · Dec 3, 2022

Replying to @hodgetwins and @micsolana

Twitter acting by itself to suppress **free speech** is not a 1st amendment violation, but acting under orders from the government to suppress **free speech**, with no judicial review, is

11K 47K 192K

Elon Musk @elonmusk · Nov 28, 2022

The **Twitter** Files on **free speech** suppression soon to be published on **Twitter** itself. The public deserves to know what really happened ...

41K 129K 771K

Elon Musk @elonmusk · Nov 28, 2022

Apple has mostly stopped advertising on **Twitter**. Do they hate **free speech** in America?

79K 72K 574K

Elon Musk @elonmusk · Nov 4, 2022

Twitter has had a massive drop in revenue, due to activist groups pressuring advertisers, even though nothing has changed with content moderation and we did everything we could to appease the activists.

Extremely messed up! They're trying to destroy **free speech** in America.

Readers added context they thought people might want to know

Multiple advertisers have confirmed they are pausing spending while they see what direction Elon Musk takes with the platform.
"The growing exodus of advertisers comes amid concerns Musk will scale back misinformation and security protections on the platform."
theguardian.com/technology/202...

Do you find this helpful? **Rate it**

LIBERTÉ D'*EXPRESSION

FREE SPEECH

Elon Musk
@elonmusk

Given that Twitter serves as the de facto public town square, failing to adhere to free speech principles fundamentally undermines democracy.

What should be done?

> **Elon Musk** @elonmusk · Mar 25, 2022
>
> Free speech is essential to a functioning democracy.
>
> Do you believe Twitter rigorously adheres to this principle?
>
> | | |
> |---|---|
> | Yes | 29.6% |
> | **No** | **70.4%** |
>
> 2,035,924 votes · Final results
>
> 8:34 AM · Mar 25, 2022

6:51 PM · Mar 26, 2022

26K 33K 231K 1.4K

3G4Wi, EXyS3

@elonmusk (25-03-2022)
La liberté d’*expression est essentielle au bon fonctionnement d’une démocratie.
Pensez-vous que Twitter adhère rigoureusement à ce principe ?

@elonmusk (26-03-2022)
Étant donné que Twitter est *de facto* une place publique, le non-respect des principes de la liberté d’expression porte fondamentalement atteinte à la démocratie.
Que faut-il faire ?

Place publique

Étant donné que Twitter est *de facto* une place publique, le non-respect des principes de la liberté d'expression porte fondamentalement atteinte à la démocratie. Que faut-il faire ? (Elon Musk, 3G4Wi)

Voici la question posée en mars 2022 par Elon Musk à ses quelque 80 millions d'abonnés alors qu'il n'était que simple utilisateur de Twitter. Son tweet faisait référence au « non », massif, résultant de son sondage de la veille : « La liberté d'*expression est essentielle au bon fonctionnement d'une démocratie. Pensez-vous que Twitter adhère rigoureusement à ce principe ? »

La réponse était donc contenue dans la question et Elon Musk, en milliardaire pressé, ne tarda pas à la mettre en œuvre. Moins d'un mois plus tard, il proposait de racheter Twitter pour 44 milliards de dollars, le deal se concluant le 22 octobre 2022 après quelques péripéties.

Le concept de liberté d'*expression est un bon début pour une réflexion sur la place des réseaux sociaux au sein de nos démocraties, dont le taux d'adoption dépasse les 60 % au niveau mondial et peut atteindre 90 % dans certains pays comme le Brésil. Pour développer cette réflexion en un peu plus que 140 caractères, commençons par remarquer que la liberté d'*expression ne s'applique pas aux grands réseaux sociaux d'aujourd'hui. Les services numériques comme Twitter-X, Facebook, LinkedIn ou TikTok appartiennent à des entreprises privées et seules s'y appliquent leurs conditions d'utilisation.

Par exemple, les conditions d'utilisation de X stipulent que la compagnie peut arbitrairement et instantanément fermer votre compte sans que vous ayez rien à dire. C'est le contrat que vous avez signé avec X.

Nous l'avons vite oublié, enivrés de la possibilité de nous adresser gratuitement au monde entier, aspirés par les abysses d'une comparaison sociale aux métriques soigneusement pensées. En quelques années, ces confortables plateformes technologiques sont devenues les béquilles indispensables de notre vie sociale et, par ricochet, le passage obligé pour les hommes *politiques, les médias, les marques et les entrepreneurs sociaux en tous genres.

Elon Musk a donc tout à fait raison. De par leur popularité, les réseaux sociaux sont devenus *de facto* des places publiques et sont même désormais au cœur de la fabrique de l'opinion. Si le débat y est *biaisé, la formation de l'opinion publique l'est également, et la démocratie en souffre immédiatement.

Mais la loi ne peut rien à cet état de fait. Si Elon Musk rachète Twitter pour y remédier, une question reste cependant en suspens : quelle acception Elon Musk a-t-il du concept de liberté d'*expression ?

Absolutisme

La liberté d'*expression aux États-Unis est protégée par le premier amendement de la Constitution adopté à l'ère pré-Internet en 1791[16]. Le deuxième garantissant à tout citoyen américain le droit de détenir des armes, certains laissent entendre qu'ils seraient prêts à les utiliser pour faire respecter le premier. Autant dire qu'aux États-Unis la liberté d'*expression est un sujet sensible.

Mais en droit, tout est question d'interprétation. L'interprétation la plus commune du premier amendement est que la liberté d'*expression est totale dans l'espace public quand il s'agit de politique. Mentir, registre d'*expression privilégié de Donald Trump[17], est une façon parmi d'autres d'exercer sa liberté d'expression. L'apologie du nazisme, interdite en Europe, est également une forme d'exercice de la liberté d'expression aux États-Unis.

En revanche, la jurisprudence états-unienne interdit d'« inciter à des actions imminentes qui violeraient la loi[18] ». Inciter à la violence envers une personne en particulier ne relève pas de la liberté d'*expression mais du *discours de haine, qui est proscrit. Aux États-Unis, il est donc légal de louer l'extermination des juifs, mais pas d'appeler à tuer un juif en particulier.

À l'ère de la viralité des réseaux sociaux, l'incohérence de cette interprétation du premier amendement est flagrante. Amnesty International a par exemple montré qu'un défaut de modération de Facebook a favorisé le nettoyage ethnique visant

Elon Musk
@elonmusk

By "free speech", I simply mean that which matches the law.

I am against censorship that goes far beyond the law.

If people want less free speech, they will ask government to pass laws to that effect.

Therefore, going beyond the law is contrary to the will of the people.

9:33 PM · Apr 26, 2022

52K 96K 767K 2.4K

RwRbD

@elonmusk (26-04-2022)
Par « liberté d'expression », j'entends simplement ce qui est conforme à la loi. Je suis contre la censure qui va bien au-delà de la loi. Si les gens veulent moins de liberté d'expression, ils demanderont au gouvernement d'adopter des lois à cet effet. Par conséquent, aller au-delà de la loi est contraire à la volonté du peuple.

les Rohingyas en Birmanie en 2017 et les massacres contre la population tigréenne en Éthiopie de 2020 à 2022[19]. De même, les incitations à la violence de Donald Trump sur Twitter après sa défaite de 2020 ont créé les conditions de l'insurrection du Capitole du 6 janvier 2021. Bilan : cinq morts.

Pour tenir compte de cette nouvelle réalité, la plupart des grandes plateformes numériques modèrent comptes et contenus violents. Le cas le plus emblématique est la suspension le 9 janvier 2021 du compte Twitter de Donald Trump, alors qu'il en violait les conditions d'utilisation depuis des mois.

Mais tracer la limite entre liberté d'*expression et *discours de haine fait appel à une subjectivité qu'il est impossible d'automatiser. Un défaut rédhibitoire pour Elon Musk, auquel il a trouvé une parade en se déclarant « absolutiste de la liberté d'*expression » (Rvdz8). Il faut entendre par là : tant qu'un contenu n'est pas déclaré illégal, aucune contrainte ne doit être imposée par le gouvernement à sa libre circulation dans l'espace public[20]. Twitter étant *de facto* un espace public selon Elon Musk, il se devait d'y réduire la modération au strict minimum. La multitude de contenus nazis renvoyée par la requête « "german culture" AND hitler » sur X en témoigne.

Elon Musk aura-t-il la trempe d'aller jusqu'au bout de son absolutisme ?

Elon Musk
@elonmusk

Entering Twitter HQ – let that sink in!

8:45 PM · Oct 26, 2022

60K 205K 1.2M 13K

653TI

@elonmusk (26-10-2022)
Entrant au QG de Twitter – Laissez entrer l'évier !

[N.d.A.] Jeu de mots qui, en anglais, a une signification proche de « Réfléchissez bien à cela ! ».

« Let that sink in »

Quatre jours après son acquisition, Elon Musk fit irruption au QG de Twitter comme un éléphant dans un magasin de porcelaine. Il y apportait une belle pièce : un évier en porcelaine (*sink* en anglais), porté à bout de bras alors qu'il lançait au monde entier « *Let that sink in !* », jeu de mots entre « Laissez entrer l'évier ! » et « Réfléchissez bien à cela ! ». La plupart de ceux qui n'ont pas ri ont été virés sur-le-champ, tout comme la moitié des employés de Twitter licenciés par courriel dans les quinze jours.

En toute logique, les équipes de modération ont été les premières à être mises au pilori au nom de la liberté d'*expression, parfois littéralement. Musk a, par exemple, critiqué publiquement Yoel Roth, le responsable en charge de la modération de Twitter (*head of trust and safety*), qui avait entre autres supervisé la suspension du compte de Donald Trump, puis il a relayé à son propos des accusations non fondées de pédophilie[21]. Devant la vague de harcèlement homophobe et antisémite qui a suivi, en ligne et hors ligne, Yoel Roth n'a eu d'autre choix que de fuir son domicile et de vendre sa maison.

Pendant qu'il s'occupait en interne du sort des nouveaux parias de Twitter, Elon Musk se présentait en héraut de la liberté d'*expression auprès des utilisateurs. « La comédie est désormais légale sur Twitter » (QYoHc), claironnait-il, rappelant son opposition à une modération excessive des contenus. Le nombre de messages mentionnant le mot « nègre », tabou aux États-Unis, a immédiatement bondi de 500 % (s7veH), signe que cette nouvelle politique avait trouvé son public.

Grand prince, Musk a prononcé dans la foulée une amnistie générale, rétablissant les comptes Twitter autrefois bannis pour violation des règles d'utilisation, c'est-à-dire pour appel à la haine, usurpation d'*identité ou harcèlement. Plusieurs stars du *dark* Twitter ont ainsi retrouvé leur terrain de jeu favori : Donald Trump (2VDjR), ex-président putschiste, Marjorie Taylor Greene (QEtpO), députée antivax de QAnon, *Project Veritas* (QlKls), « média d'investigation » trumpiste et trompeur, Patrick Casey (7aJ1X), suprémaciste blanc républicain, Sargon of Akkad (Yd35V), théoricien islamophobe, The Babylon Bee (p9Cre), satiriste transphobe de l'Amérique réactionnaire, Andrew Tate (dH46J), kickboxeur et entrepreneur masculiniste, Kanye West-Ye (Y9Fee), rappeur antisémite et Tommy Robinson (Z1nNI), fondateur anglais d'un groupuscule islamophobe d'extrême droite[22]. Cerise sur le gâteau, ces comptes, désormais monétisés, voient leur idéologie cofinancée par X et sa régie publicitaire.

La ligne directrice d'Elon Musk sur la liberté d'*expression semble donc claire : tant qu'il n'y a pas de *risque juridique pour ses sociétés, tout est permis.

Sauf qu'il y a « comédie » et « comédie »...

Ligne rouge

En termes de liberté d'*expression, chacun a sa ligne rouge et celle d'Elon Musk s'est avérée finalement beaucoup moins originale que sa personnalité : critiquer le boss. Ainsi @h3h3productions, un compte certifié par Twitter, cumulant le nombre respectable de 2,3 millions d'abonnés, a fait l'erreur de se déguiser en Elon Musk et d'user d'ironie à son égard. Malgré un discours ostensiblement parodique, ce crime de lèse-majesté lui a valu une radiation sans préavis (le compte a depuis été rétabli). Cette prompte exécution numérique ne fut pas un cas isolé. Peu après son arrivée, Elon Musk a suspendu plusieurs journalistes qui avaient eu l'outrecuidance de le critiquer (iFHgD) de même que le compte @elonjet, qui recensait les déplacements de son jet, une donnée pourtant publique. Il contredisait ainsi son engagement, pris quelques semaines auparavant, de ne pas suspendre @elonjet par respect de la liberté d'*expression (2EzO8).

En réaction à ces agissements et à l'augmentation des discours toxiques sur Twitter, de nombreux utilisateurs ont cherché à s'échapper de Twitter et le réseau social émergent Mastodon s'est vite imposé comme alternative crédible. Celui-ci avait l'avantage de donner plus de liberté aux utilisateurs, de rendre publics ses algorithmes et de garantir qu'aucun magnat ne pourra racheter le réseau. Qu'à cela ne tienne, pour éviter une hémorragie, le compte Twitter de Mastodon fut suspendu, les liens vers ce réseau social furent bloqués depuis Twitter (52HfV) et les liens vers Mastodon

Elon Musk
@elonmusk

Twitter acting by itself to suppress free speech is not a 1st amendment violation, but acting under orders from the government to suppress free speech, with no judicial review, is

2:36 AM · Dec 3, 2022

11K 47K 192K 931

furent interdits dans les tweets (Ga3cd). Un black-out informationnel total incompatible avec la défense de la liberté d'*expression. À moins qu'il n'y ait eu malentendu sur son domaine d'application ?

Elon Musk le dissipa d'un tweet, quelques semaines à peine après avoir acquis Twitter au nom de la liberté d'*expression (AAG5d) : « Si une action de Twitter porte atteinte à la liberté d'*expression, cela ne constitue pas une violation du premier amendement, mais s'il agit sous les ordres du gouvernement pour supprimer la liberté d'*expression, sans contrôle judiciaire, cela en est une. »

On ne peut être plus clair. Pour Musk, la liberté d'*expression, ce n'est pas pour les gueux. Conformément à la loi, elle s'arrête aux portes du secteur privé, quand bien même celui-ci gérerait *de facto* un espace public. Ceux qui n'ont pas les moyens de se payer un espace public d'*expression n'ont qu'à se plier aux règles de ceux qui en possèdent un. Une loi du plus fort à l'avantage de l'homme le plus riche du monde, qu'il va utiliser sans modération.

Mais nous n'avons toujours pas répondu à notre première question. Pourquoi diable Elon Musk ressentait-il l'impérieuse nécessité de racheter Twitter ?

▶ @elonmusk (03-12-2022)
Si une action de Twitter porte atteinte à la liberté d'*expression, cela ne constitue pas une violation du 1er amendement, mais s'il agit sous les ordres du gouvernement pour supprimer la liberté d'*expression, sans contrôle judiciaire, cela en est une.

Elon Musk @elonmusk · Jan 29, 2024
Replying to @libsoftiktok
The woke mind virus is deadly

783 · 1.5K · 14K · 304K

Elon Musk @elonmusk · Nov 25, 2023
Replying to @tedfrank
This is extremely concerning. **The woke mind** virus, which is fundamentally anti-human, has been deeply ingrained into ChatGPT!

2.3K · 7.3K · 46K · 1.5M

Elon Musk @elonmusk · Sep 29, 2023
Replying to @ChayaRaichik10
Pronouns in bio means **the woke mind** virus ate your brain

3.1K · 21K · 108K · 7M

Elon Musk @elonmusk · Dec 30, 2022
Replying to @RichardDawkins
The woke mind virus is penetrating the firewalls of some of the world's smartest meat computers at a prodigious rate!

596 · 1.2K · 10K · 863K

Elon Musk @elonmusk · Dec 12, 2022
The woke mind virus is either defeated or nothing else matters

45K · 93K · 614K

Elon Musk @elonmusk · Dec 12, 2022
Replying to @robbystarbuck and @StationCDRKelly
Many battles remain, but, yes, the tide is starting to turn on the mortal threat to civilization that is **the woke mind** virus

1.6K · 8.6K · 47K

Elon Musk @elonmusk · Nov 25, 2022
Replying to @getpaidwrite
I am neither conventionally right nor left, but I agree with your point.

The woke mind virus has thoroughly penetrated entertainment and is pushing civilization towards suicide.

There needs to be a counter-narrative.

9.9K · 21K · 131K

LE VIRUS MENTAL WOKE

WOKE MIND VIRUS

Elon Musk @elonmusk · May 18, 2022

Political attacks on me will escalate dramatically in coming months

54K 58K 581K

The Angry Astronaut @Astro_Angry · May 19, 2022

Just curious...what is your motivation to become politically active? Why make yourself a target? You are trying to get mankind to Mars and alert the public to the danger of AI. Why sabotage these worthwhile goals by wading into political controversy? Is it worth it?

350 157 2.9K

Elon Musk
@elonmusk

Unless it is stopped, the woke mind virus will destroy civilization and humanity will never reached Mars

8:30 PM · May 19, 2022

6K 11K 45K 465

kqtgV

Woke mind virus

Le comportement d'Elon Musk à la tête de Twitter montre que la défense de la liberté d'*expression n'était qu'un alibi à son rachat. Deux questions importantes nous restent donc sur les bras : que pouvait bien reprocher Musk à ce réseau social ? Et pourquoi son acquisition était-elle si importante ?

Les premiers éléments de réponses se lisent entre les lignes de ses échanges sur Twitter alors qu'il était en pleine négociation pour son rachat (kqtgV) :

@elonmusk (18-05-2022)
Les attaques *politiques à mon encontre vont s'intensifier de façon spectaculaire dans les mois à venir

@Astro_Angry (19-05-2022)
Juste par curiosité… qu'est-ce qui vous pousse à devenir politiquement actif ? Pourquoi faire de vous une cible ? Vous essayez d'amener l'humanité sur Mars et d'alerter le public sur le danger de l'IA. Pourquoi saboter ces objectifs louables en vous lançant dans une controverse *politique ? Cela en vaut-il la peine ?

@elonmusk
Si on ne l'arrête pas, le virus mental woke détruira la civilisation et l'humanité n'atteindra jamais Mars.

Quelques semaines après le rachat, en pleine polémique sur le management brutal du nouveau PDG de Twitter, @RocketRick l'implore de s'éloigner de son clavier (RSomF). Selon ce dernier, Twitter serait pour Elon Musk une distraction dangereuse le détournant de ses nobles objectifs. Musk persiste et signe (bua3h) : « Les médias sociaux en général, et Twitter en particulier, sont en train d'éroder la civilisation. Si la civilisation s'effondre avant que Mars ne devienne autonome, rien d'autre n'aura d'importance. La conscience humaine aura disparu. »

Pas plus tard que la veille, il avait déclaré (Qtlgt) : « Soit le virus mental woke est vaincu, soit plus rien ne compte. » Il datera par la suite à 2016 le moment où ce virus a été « disséminé par les entreprises technologiques de la baie de San Francisco dans l'esprit de l'humanité », qualifiant Twitter de « Langue de Serpent pour le monde entier » (fAD63, en référence au personnage de Grima imaginé par Tolkien, archétype du menteur et du manipulateur).

Voilà donc une nouvelle menace existentielle qui pointe son nez aux côtés de la météorite tueuse de planète et de la guerre thermonucléaire mondiale, le « virus mental woke », dont Twitter aurait été le principal vecteur. Cela est depuis devenu une obsession chez Elon Musk et, soulignons-le, chez tous les partisans de Donald Trump. Mais qu'est-ce donc que ce danger mortel ?

Mémétique

Vous avez certainement déjà photocopié un texte contenant une idée intéressante pour la partager avec quelqu'un. Mais avez-vous déjà envisagé que, loin d'exercer votre libre arbitre, c'est l'idée qui a parasité votre cerveau afin de se reproduire via la photocopieuse ? N'avez-vous jamais songé que ce ne sont pas les savants qui utilisent les bibliothèques, mais les idées qui utilisent les savants en unissant leurs forces au sein de livres afin qu'ils leur construisent des bibliothèques et qu'elles puissent se reproduire plus facilement ? Que ce n'est pas vous qui retweetez, mais les tweets qui contrôlent votre pouce afin de se propager ?

Cette approche à peine caricaturée de la diffusion des idées a fondé un courant académique confidentiel mais dynamique à la fin des années 1990[23], la mémétique. Celle-ci reconnaît l'existence des mèmes, conjecturée par Richard Dawkins en 1976[24], supposés être les équivalents culturels des gènes. La mémétique fait ainsi l'hypothèse que la culture peut être réduite à un ensemble d'unités de sélection culturelle, les mèmes, qui se propageraient de cerveau en cerveau, souvent aux dépens de l'individu hôte. Comme des parasites. Ce concept est séduisant d'un point de vue formel car il permet d'appliquer presque littéralement tous les modèles et résultats issus de la recherche sur la propagation des virus biologiques. Il résonne aussi avec la notion de virus informatique capable de circuler de machine en machine... ou d'IA en IA (Gz6Eo).

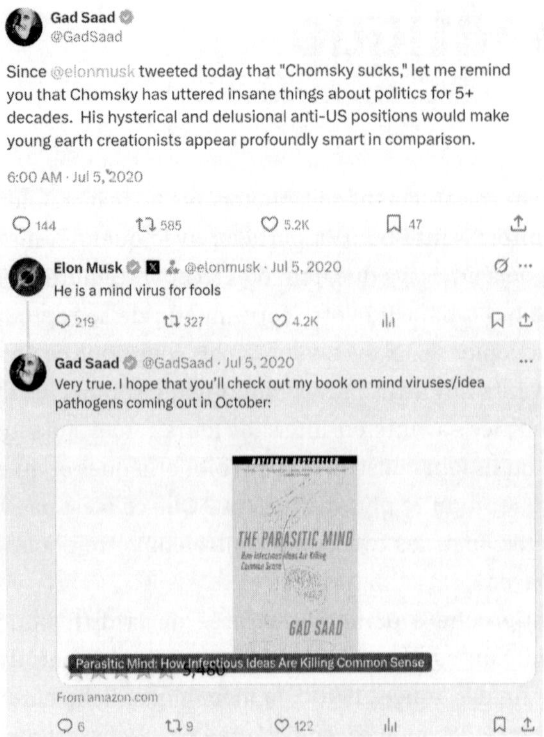

3cH3R, p8ULg, DHvUh

@GadSaad (05-07-2020)
Puisque @elonmusk a tweeté aujourd'hui que « Chomsky est nul », permettez-moi de vous rappeler que Chomsky a tenu des propos insensés sur la politique pendant plus de cinq décennies. Ses positions hystériques et délirantes contre les États-Unis feraient passer les jeunes créationnistes pour profondément intelligents en comparaison.

@elonmusk
Il est un virus mental pour imbéciles

@GadSaad
C'est tout à fait vrai. J'espère que vous lirez mon livre sur les virus mentaux et les idées pathogènes, qui sortira en octobre

La mémétique s'oppose à d'autres approches de la modélisation de l'évolution culturelle centrées sur l'humain et ses capacités cognitives (comme le raisonnement, l'imitation ou l'apprentissage social). Ces approches adoptent une vision moins naïve de la contagion sociale en intégrant, par exemple, l'interaction entre raisonnement et émotions[25] ; et en se plaçant dans un cadre *systémique plus large.

La mémétique a suscité des débats fructueux au sein de la communauté académique mais s'est révélée finalement peu scientifique[26], la notion de mème ne trouvant pas de définition rigoureuse. Cela n'a pas empêché certains auteurs comme Gad Saad de rater une marche de la connaissance et de rester sur une explication mémétique de la culture et des comportements humains. Auteur à succès, les religions ou les convictions politiques se réduisent pour lui à des « mèmeplexes », une collection de mèmes interconnectés. Son approche du parasitisme de l'esprit et ses partis pris idéologiques (wVun0, 2XgE9) ont de toute évidence contaminé Musk, dont il est devenu l'un des auteurs favoris.

C'est entre autres lors d'un échange avec Gad Saad (p8ULg), en 2020, qu'Elon Musk a employé pour la deuxième fois l'expression de « virus mental ». En bon patient 0, il usera de cette expression jusqu'à la lie, non sans conséquences…

New York Post @nypost · Nov 7, 2024

Elon Musk's estranged daughter Vivian doesn't 'see future in the United States' after Donald Trump's presidential win trib.al/poyyfzP

700 · 249 · 1.9K · 462K

Ian Miles Cheong
@stillgray

Son, you mean. He's male

5:42 PM · Nov 7, 2024 · **288.7K** Views

61 · 144 · 5.3K · 129

Elon Musk @elonmusk · Nov 7, 2024

The woke mind virus killed my son

2.2K · 3.9K · 25K · 1.3M

Ian Miles Cheong @stillgray · Nov 7, 2024

I'm so sorry. We will kill the woke mind virus.

50 · 63 · 2.6K · 138K

3cH3R, p8ULg, DHvUh

« Traceroute woke_mind_virus »

J'ai l'air plutôt pas mal pour une putain morte. (Vivian Jenna Wilson, 23-07-2024)[27]

La fille aînée d'Elon Musk réagissait à une interview de son père pour le *Daily Wire* (hq19d) où il avait déclaré la veille « avoir été trompé » par les médecins en 2020. Il avait alors accepté que son fils de 16 ans prenne des bloqueurs de puberté pour effectuer une transition de *genre et devenir Vivian. « Mon fils est mort, il a été tué par le virus mental woke » – une phrase qu'il répétera

---

▶ @nypost (07-11-2024)
Vivian, la fille d'Elon Musk avec qui il s'est brouillé, ne « voit pas d'avenir aux États-Unis » après la victoire de Donald Trump à la présidentielle https://trib.al/poyyfzP

@stillgray
Fils, vous voulez dire. C'est un homme.

@elonmusk
Le virus mental woke a tué mon fils.

@stillgray
J'en suis désolé. On va tuer le virus mental woke.

[N.d.A.] Que veut dire « On va tuer le virus mental woke » ? Comment s'attaquer à un virus qui n'existe pas sauf à s'attaquer à celles et ceux dont on fantasme qu'ils en sont porteurs ? Ce type de déclaration auprès des centaines de millions d'abonnés d'Elon Musk peut avoir des conséquences bien réelles. Il suffit qu'un infime pourcentage d'entre eux prenne tout cela un peu trop à cœur et au pied de la lettre pour engendrer un harcèlement de masse, voire des agressions physiques.

plusieurs fois par la suite, y compris sur Twitter/X (JoqUS). « Je me suis juré de détruire le virus mental woke après cela. »

En l'absence de verbatim, il est difficile de savoir si l'incapacité d'Elon Musk à accepter l'orientation sexuelle de sa fille vient d'une transphobie ou de la vexation d'avoir acheté un « produit » non conforme quand il a procédé à une IVG sélective pour obtenir un garçon (yyKda)[28]. Reste qu'Elon Musk est convaincu que l'esprit « peut être contaminé par un virus, tout comme un virus informatique contamine votre ordinateur » (25JVn, ehsEi). Les individus contaminés par le virus mental woke seraient vidés de leur substance, comme des zombies.

Il est inenvisageable pour Elon Musk que l'on puisse développer, en pleine conscience, des identités et des opinions contraires à ses croyances. Tel un enfant manquant de vocabulaire, il préfère mettre la différence à distance en lui collant une étiquette fourre-tout qui ne veut plus rien dire : « woke ». Sont atteints du virus mental woke ceux qui, entre autres, sont contre le « *racisme, la xénophobie, le suprémacisme blanc, le sexisme, la misogynie, le patriarcat, les *discriminations de *genre, l'homophobie, la transphobie, l'islamophobie, l'antisémitisme, la grossophobie » (ekMart). En bref, les progressistes.

Mais il y a peut-être un loup. Car si l'on en croit Gad Saad, « ces idées pathogènes détruisent notre compréhension de la réalité et notre sens commun[29] ». Comment ne pas penser que, au lieu d'un réflexe puéril, cette idée de virus mental puisse être un cheval de Troie idéologique ? Une trouvaille rhétorique visant à créer une névrose à propos d'un danger contagieux mais invisible, tout en niant qu'une bonne partie de la population puisse posséder bon sens et libre arbitre. Au risque de paraître alarmiste, et donc « woke », n'est-ce pas là une forme de déshumanisation dont l'histoire nous a appris les sombres conséquences ? Reste donc à espérer que cette défense de la liberté d'*expression ne soit pas une ruse pour s'octroyer une liberté d'oppression. Mais excusez-moi d'insister, en quoi tout cela nous empêcherait-il d'aller sur Mars ?

Elon Musk @elonmusk

Modern Western civilization has extraordinary empathy compared to its power. This is also arguably its greatest weakness.

With the nuclear bomb, America could have subjugated every nation on Earth with ease. Hitler and Stalin would certainly have done so.

Instead, America helped rebuild Germany and Japan!

There is no historical precedent for a nation with so much power helping, rather than destroying, its defeated enemies.

Traduire le post

> **Joel Shepherd Author** @ShepJoel · 28 mars 2024
> And there are many parasitical strategies that use a person's empathy against them. Sometimes these develop into entire political/ideological movements, where the population's empathy becomes an attack vector that the unscrupulous can exploit for gain. x.com/elonmusk/statu...

11:27 PM · 28 mars 2024 · **38,4 M** vues

hOtC3, J1tv, ONzGZ

@elonmusk (28-03-2024)
Je suis favorable à l'empathie, mais l'hypothèse selon laquelle l'empathie sera toujours réciproque est fausse.

@ShepJoel
Et il existe de nombreuses stratégies parasitaires qui utilisent l'empathie d'une personne contre elle. Parfois, ces stratégies se transforment en mouvements politiques-idéologiques entiers, où l'empathie de la population devient un vecteur d'attaque que des personnes sans scrupule peuvent exploiter à des fins lucratives.

@elonmusk
La civilisation occidentale moderne fait preuve d'une empathie extraordinaire étant donnée sa puissance. C'est aussi, sans doute, sa plus grande faiblesse. Avec la bombe nucléaire, l'Amérique aurait pu facilement soumettre toutes les nations de la planète. Hitler et Staline l'auraient certainement fait. Au lieu de cela, l'Amérique a aidé à reconstruire l'Allemagne et le Japon ! Il n'existe aucun précédent historique d'une nation disposant d'une telle puissance qui aide ses ennemis vaincus au lieu de les détruire.

[N.d.A.] Cet échange fait partie d'une discussion plus large impliquant @GadSaad autour d'un fait divers de FoxNews (Xn3UH). Celui-ci relatait les propos d'un influenceur immigré se vantant de bien gagner sa vie via les réseaux sociaux : « Je gagne plus que vous sans travailler beaucoup alors que vous travaillez comme des esclaves. »

Le talon d'Achille de la civilisation

L'empathie est la faiblesse fondamentale de la civilisation occidentale. (Elon Musk, 28-02-2025)[30]

L'empathie est une aptitude qui mêle capacités cognitives et émotionnelles, clé de voûte de nos interactions sociales[31]. Avec des dizaines de milliers d'articles scientifiques, la recherche a démontré que l'empathie est liée au fait de « comprendre ce que vivent les autres et de se préoccuper de leur sort », à la capacité de comprendre le monde depuis la perspective d'autrui et d'éprouver de la sympathie ou de la compassion[32]. C'est l'un des piliers de l'intersubjectivité qui permet de construire un monde commun entre humains. Les théoriciens de l'évolution relient l'empathie à l'origine de l'altruisme et de la coopération à grande échelle, qui a fait le succès des sociétés humaines[33].

Fait marquant, la recherche sur l'empathie a connu une nette accélération en 2020. Dès le début de la pandémie de Covid-19, certains psychologues ont alerté d'un déficit d'empathie aux États-Unis[34], alors même que ce trait joue un rôle clé dans la capacité d'une population à répondre de manière efficace et coordonnée à un danger collectif. L'empathie favorise en effet la primauté de l'intérêt collectif sur les intérêts individuels – une condition essentielle pour faire face à une situation de crise (exemple : accepter l'inconfort du masque pour limiter la propagation d'un virus). Dans le même temps, cette crise mondiale et anxiogène semble avoir affaibli l'empathie moyenne des populations[35], contribuant peut-être à aggraver, en retour, la crise sanitaire et sociale.

Les capacités innées d'empathie sont variables d'un individu à un autre, se développent au cours de l'enfance[36] et peuvent même être renforcées par apprentissage. Elles peuvent aussi être réduites à la suite de *traumatismes ou inhibées de manière contextuelle par apprentissage ou via un conditionnement – tel qu'une exposition répétée à des situations professionnelles émotionnellement éprouvantes.

Entre 1 % et 2 % de la population est par ailleurs atteinte de troubles de l'empathie à la naissance, certaines personnes arrivant néanmoins à se connecter aux états émotionnels d'autrui en compensant par des processus purement cognitifs.

Loin d'être une menace pour la civilisation, l'empathie est donc au contraire la condition de sa prospérité. Un deuxième concept pseudo-scientifique va cependant amener Elon Musk à concevoir l'empathie comme un facteur majeur de l'effondrement de la civilisation.

L'empathie suicidaire

> Dans une certaine zone fonctionnelle, cela fait sens d'être empathique, mais lorsque cela ne fonctionne pas, lorsque l'empathie devient hyperactive, lorsqu'elle cible les mauvais individus… c'est ce que j'appelle l'empathie suicidaire.
> Lorsque vous prenez la pensée parasite… et que vous l'associez à l'empathie suicidaire, vous obtenez le cocktail parfait pour la fin de l'Occident.
> (Gad Saad (eCkjT), Sky News, 28-08-2024)

Voici donc le *risque existentiel qui mènera la civilisation au « game over » (3GvwJ) et fera échouer le projet de colonisation martienne d'Elon Musk : une contamination généralisée de la population mondiale par le virus mental woke. L'excès d'empathie envers les « mauvais individus » serait susceptible de détourner ses concitoyens de son but ultime et d'inonder ses médias favoris de faits divers condamnables (GvwJ).

En brandissant ce concept d'empathie suicidaire, Elon Musk hurle avec les loups de l'extrême droite américaine. Le pasteur Josh McPherson, nationaliste chrétien, tient par exemple le même discours, vouant l'empathie aux gémonies : « L'empathie est dangereuse. L'empathie est toxique. L'empathie vous met sur la voie de l'enfer » (iLN5P).

Elon Musk
@elonmusk

Another case of suicidal empathy, as @GadSaad would say!

The problem with suicidal empathy is that it will end civilization. Game over.

Btw, Gad's books are great.

Traduire le post

> **Daily Mail Online** @MailOnline · 27 févr.
> Left-wing theatre managers who invited 200 migrants to a free show will abandon the building and face bankruptcy as refugees still refuse to leave after three months and spark wave of sex-related violence trib.al/UTrJOv1

4:10 PM · 28 févr. 2025 · **33,4 M** vues

3GvwJ, 3JDPh

@MailOnline (27-02-2025)
Les gérants d'un théâtre de gauche qui avaient invité 200 migrants à un spectacle gratuit vont abandonner le bâtiment et risquer la faillite, car les réfugiés refusent toujours de partir après trois mois et déclenchent une vague de violences sexuelles.

@elonmusk (28-02-2025)
Un autre cas d'empathie suicidaire, comme dirait @GadSaad ! Le problème de l'empathie suicidaire, c'est qu'elle mettra fin à la civilisation. Game Over.
À propos, les livres de Gad sont excellents.

[N.d.A.] Le théâtre en question est celui de la Gaîté Lyrique à Paris. Il n'est ni de gauche ni de droite, mais tout simplement public.

On l'aura compris à la lecture du fait divers du Daily Mail Online (ci-contre, 3JDPh), l'enfer est pavé de prochains qui ne vous ressemblent pas assez pour mériter votre empathie. Si vous faites l'erreur d'avoir trop de compassion pour les « mauvais individus », *immigrés, exilés *politiques ou climatiques, votre pays est foutu. Elon Musk s'est d'ailleurs chargé de sensibiliser ses concitoyens à la question en se rendant en personne au poste frontière d'Eagle Pass (jCFXe) en septembre 2023 pour y faire un reportage sur la submersion migratoire avec son smartphone. Avec des airs de théorie du grand remplacement, ce thème est depuis ce jour devenu une vraie obsession, le rapprochant sans doute de Donald Trump.

Les mantras « empathie suicidaire » et « virus mental woke » forment ainsi un système conceptuel sur mesure pour Elon Musk, dans lequel il s'est enfermé pour se lancer dans une croisade destructrice contre une maladie imaginaire.

Le premier produit dérivé de ce système conceptuel lui permet de modeler l'humanité à son image. Une injonction à lui ressembler en inhibant notre empathie, cette composante de l'humain qu'il comprend si mal et qui amène ses contemporains à faire des actions dont le sens lui échappe.

Mais il pourrait y avoir d'autres conséquences plus graves...

Elon Musk @elonmusk

Interesting observation

Autism Capital @AutismCapital · Sep 1, 2024

Also known as the Reich effect.

234 KB PNG

People who can't defend themselves physically (women and low T men) parse information through a consensus filter as a safety mechanism. They literally do not ask "is this true", they ask "will others be OK with me thinking this is true". This makes them very malleable to brute force manufactured consensus; if every screen they look at says the same thing they will adopt that position because their brain interprets it as everyone in the tribe believing it. Only high T alpha males and aneurotypical people (hey autists!) are actually free to parse new information with an objective "is this true?" filter. This is why a Republic of high status males is best for decision making. Democratic, but a democracy only for those who are free to think.

1:41 AM · Sep 2, 2024 · **20.6M** Views

8.4K 17K 106K 17K

Oq1zl, BTvgi

Déshumanisation

Le deuxième produit dérivé du combo idéologique « virus mental woke » et « empathie suicidaire » est la déshumanisation de celles et ceux qui n'ont pas la même conception de la société qu'Elon Musk : les *défenseurs d'une société fondée sur l'*égalité et l'*inclusion, qui *protège les *victimes du *racisme et des *ségrégations. En bref, sont déshumanisés celles et ceux qui respectent les différences et luttent contre l'*injustice et les *discriminations.

Cette déshumanisation est assortie de l'urgence de les mettre à distance, ce sur quoi Gad Saad insiste particulièrement : « Les

---

▶ @AutismCapital (01-09-2024)
Aussi connu comme l'effet Reich.
Capture d'écran : « Les personnes qui ne peuvent pas se défendre physiquement (les *femmes et les hommes à faible T) traitent les informations à travers un filtre de consensus pour se protéger. Elles ne se demandent pas "est-ce vrai", mais littéralement "les autres me jugeront-ils bien si je pense que c'est vrai". Cela les rend très malléables au consensus fabriqué par la force brute ; si tous les écrans qu'elles regardent disent la même chose, elles adopteront cette position parce que leur cerveau l'interprète comme étant celle de tous les membres de la tribu. Seuls les mâles alpha à T élevée et les personnes neuroatypiques (hé, les autistes !) sont réellement libres d'analyser les nouvelles informations avec un filtre objectif "est-ce vrai ?". C'est pourquoi une république d'hommes au statut élevé est la meilleure pour la prise de décision. Démocratique, d'accord, mais une démocratie seulement pour ceux qui sont libres de penser. »

@elonmusk (02-09-2024)
Observation très intéressante

[N.d.A.] « Faible T » signifie à faible taux de testostérone. Elon Musk se considère comme une personne neuroatypique (voir chap. « Checklist »).

personnes qui sont devenues la proie d'idées pathogènes ont perdu le contrôle de leur esprit et de leurs émotions, et ces agents pathogènes se propagent rapidement et menacent notre liberté[37]. » Elon Musk semble y adhérer sans réserve comparant à plusieurs reprises les personnes « wokes » à des insectes parasités (7GBfv, lOS38) et martelant sans cesse depuis X les nouveaux concepts de sa novlangue.

La comparaison avec des insectes n'a rien d'anodin. Si l'empathie joue un rôle central dans la régulation des comportements moraux, elle peut toutefois être inhibée envers certaines catégories de personnes en les comparant à des créatures répugnantes ou en niant leur capacité à raisonner ou à souffrir. La déshumanisation des personnes dites « wokes » est une façon d'amorcer un déficit d'empathie à leur encontre, levant les *barrières à des attitudes hostiles.

Nous avons donc tous les ingrédients pour légitimer la privation de droits fondamentaux : d'un côté la création d'une catégorie de personnes auxquelles il manquerait certains traits essentiels aux êtres humains – à savoir le sens commun et le libre arbitre – et qui de surcroît seraient susceptibles de propager cette tare par contamination. Et de l'autre, un appel à mettre de côté l'empathie. Pourquoi, par exemple, ne pas retirer le droit de vote à des personnes qui « auraient perdu le contrôle de leur esprit » ou ne seraient pas « libres de penser » ? Une proposition qu'Elon Musk trouve « intéressante », en particulier en ce qui concerne le droit de vote des *femmes[38].

Mais revenons aux enseignements de la science en matière d'empathie. Il a été démontré que les personnes ayant un déficit d'empathie non compensé ont tendance à être intolérantes, à avoir des comportements antisociaux et à être orientées vers la dominance sociale. Cette attitude est « liée aux croyances en un grand nombre d'idéologies sociales et *politiques qui soutiennent la hiérarchie fondée sur le groupe – par exemple, la méritocratie (WJucg, WJlOf) et le *racisme (gbPRA) – et au soutien des politiques qui ont des conséquences sur les relations intergroupes (par exemple, la guerre, les droits civils et les programmes sociaux)[39] ». Un vrai portrait-robot...

Secretary Kristi Noem
@Sec_Noem

I toured the CECOT, El Salvador's Terrorism Confinement Center.

President Trump and I have a clear message to criminal illegal aliens:
LEAVE NOW.

If you do not leave, we will hunt you down, arrest you, and you could end up in this El Salvadorian prison.

Last edited 12:08 AM · Mar 27, 2025 · **6.1M** Views

7.3K 14K 62K 3.2K

mWJCy

Expulsions massives

Le concept d'empathie suicidaire est une arme à double tranchant. Il vise d'un côté les personnes infectées par le virus mental woke (les progressistes), dont les opinions ne valent pas d'être prises en compte ; et de l'autre les *immigrés et les *minorités pour lesquels les wokes ont une compassion « déplacée ». Cela tombe bien, Donald Trump a mené sa campagne 2024 sur le thème de l'immigration, comparant les *immigrés à des « animaux[40] ». Certaines photos de ses meetings montrent même ses partisans brandissant comme un seul homme des pancartes « Expulsions massives immédiates ! » (*Mass deportation now*[41] *!*). L'objectif de Trump : expulser plus de 10 millions d'*immigrés en situation irrégulière en deux ans.

C'est dans ce contexte que le concept d'empathie suicidaire prend tout son sens. L'administration Trump a besoin d'obtenir le soutien

---

▶ @Sec_Noem, secrétaire du Département de la Sécurité intérieure (27-03-2025)
J'ai visité le CECOT, le Centre de détention pour terroristes du Salvador.
Le président Trump et moi-même avons un message clair à l'intention des étrangers illégaux criminels : PARTEZ MAINTENANT.
Si vous ne partez pas, nous vous traquerons, nous vous arrêterons et vous pourriez finir dans cette prison salvadorienne.

[N.d.A.] On relèvera sur cette photo de propagande, le caractère déplacé de la Rolex portée au poignet de la secrétaire d'État, ce qui a immédiatement suscité la polémique[42].

de l'opinion publique dans la mesure où elle ne s'encombrera pas du respect de la loi si cela doit nuire à l'efficacité de son action. Le Département de la Sécurité intérieure en a fait la démonstration dès mars 2025. Il a déporté sans aucune forme de procès et contre l'interdiction émise par un juge fédéral américain des dizaines de Vénézuéliens vers une prison salvadorienne réputée être l'une des pires au monde et de laquelle personne n'est jamais sorti. Quel crime leur a valu d'être envoyés aux oubliettes dans un pays tiers ?

Officiellement une « enquête criminelle » opaque les avait déclarés membres d'un gang vénézuélien. Mais nombre d'entre eux n'avaient en fait aucun casier judiciaire, certains ayant même le statut de « réfugié légal[43] ». Leur point commun semble avoir été... d'être tatoués. C'est en tout cas la raison donnée par l'un de ses geôliers à Neri Alvarado, employé d'une boulangerie vénézuélienne arrêté devant son appartement début février. Son tatouage : un ruban de sensibilisation à l'autisme avec le nom de son petit frère autiste[44].

Mais dans l'Amérique orwellienne, « absence de casier judiciaire » n'implique pas « menace limitée ». Selon l'un des responsables du coup de filet, l'« absence d'information spécifique sur chaque individu met en évidence le risque qu'ils représentent. Cela démontre qu'il s'agit de terroristes pour lesquels nous ne disposons pas d'un profil complet ». Sous-entendu : nous sommes censés savoir tout sur tout le monde. Si ce n'est pas le cas, c'est suspect.

Plusieurs familles ont appris l'enlèvement de leurs proches en les reconnaissant à la télé, crâne rasé, parmi les nombreux hommes torses nus entassés dans une cage. Ils servaient de décor à l'opération de communication de la secrétaire du Département de la Sécurité intérieure, qui vantait l'action du gouvernement, menaçante et Rolex au poignet, comme un mannequin vendrait un produit (mWJCy).

Génocide

Au-delà des *risques de *discrimination ou de *victimisation, rappelons que l'association de la déshumanisation et d'un déficit d'empathie dans la population est un point commun fondamental aux phénomènes de violence collective au cours desquels des groupes d'individus s'en prennent à des *populations vulnérables.

L'histoire nous en donne maints exemples. En 1994, au Rwanda, la Radio télévision libre des Mille Collines martelait que les Tutsis étaient des cafards, créant ainsi une masse critique de personnes prêtes à participer à des violences à leur encontre[45]. Ils furent exterminés à la machette par les Hutus, quand bien même certains avaient de très bonnes relations de voisinage quelques semaines auparavant[46].

De même, les nazis se sont appuyés sur un imaginaire décrivant les juifs comme des « parasites », ou des « bacilles nuisibles[47] » avant de les exterminer au Zyklon B, un insecticide. Lors des procès de Nuremberg, le psychologue Gustave Gilbert, en charge d'examiner la psyché des dirigeants nazis ayant commis les pires atrocités, avait alors déclaré être sur le point de découvrir la racine du mal, seule caractéristique qui reliait tous les accusés : « Une véritable incapacité à éprouver des sentiments à l'égard de leurs semblables. Je pense que le mal est l'absence d'empathie[48]. »

Novlangue, déshumanisation et éloge du manque d'empathie, ingrédients dont Elon Musk gave les utilisateurs de X à longueur

Massimo @Rainmaker1973 · Jul 15, 2023 ···

A zombie cricket. Actually, a Carolina leafroller attacked by the endoparasitoid fungus Cordyceps. The fungus keeps the host alive as long as possible & directs the cricket to climb to a prominent exposed perch where spores are released

[📷 Jim McCormac: buff.ly/3WCP6QU]

347 1.1K 8.4K 1.6M

Elon Musk
@elonmusk

Woke mind virus illustrated

7:57 PM · Jul 15, 2023 · **355K** Views

525 764 9.5K 97

NQgze, IOS38

@Rainmaker1973 (15-07-2023)
Un grillon zombie. En fait, une *Tortricidae* de Caroline attaquée par le champignon endoparasitoïde Cordyceps. Le champignon maintient l'hôte en vie aussi longtemps que possible et incite le grillon à grimper jusqu'à un perchoir bien exposé où les spores sont libérées.

@elonmusk
Illustration du virus mental woke.

de journée, forment donc le cocktail parfait pour rendre possible les pires atrocités. Avec la puissance des réseaux sociaux, toutes les conditions sont réunies pour de futures tragédies, à l'image des génocides en Birmanie et en Éthiopie déjà évoqués au chapitre « Absolutisme ».

À moins que ce ne soit là l'objectif premier de l'acquisition du réseau social, Elon Musk serait bien avisé d'y réfléchir à deux fois avant d'administrer ce cocktail à ses deux cents millions d'abonnés sur X.

Elon Musk @elonmusk · 11 déc. 2022

Twitter was Wormtongue to the World

6 k · 15 k · 163 k

Elon Musk @elonmusk · 11 déc. 2022

En réponse à @GailAlfarATX

The bots/trolls generate fake activity, so **Twitter** may seem a little less lively, but actually it's just that the fakery is gone

2 k · 5 k · 47 k

Elon Musk @elonmusk · 11 déc. 2022

En réponse à @X et @twitter

And many other features to come!

2 k · 1 k · 21 k

Elon Musk @elonmusk · 10 déc. 2022

Twitter is both a social media company and a crime scene

31 k · 93 k · 629 k

Elon Musk @elonmusk · 10 déc. 2022

En réponse à @TomFitton @realDonaldTrump et @twitter

Coming soon ...

3 k · 9 k · 111 k

Elon Musk @elonmusk · 10 déc. 2022

En réponse à @TomFitton @twitter et @realDonaldTrump

Unequivocally true. The evidence is clear and voluminous.

3 k · 18 k · 134 k

Elon Musk @elonmusk · 10 déc. 2022

En réponse à @ggreenwald

With rare exception, the FBI seems to want to do the right thing, but there is no question that **Twitter** operated as a Democratic Party activist machine

6 k · 17 k · 80 k

TWITTER

TWITTER

Jason DeBolt @jasondebolt · Oct 18, 2024

Elon's investment in X was in investment in America. For the future of America, and also the world.

The returns are not financial (at least that's not the focus right now). The returns are that it's no longer inevitable that our future will be Orwellian.

Elon saved us from a 100% CERTAIN Orwellian future.

We are damn close, and honestly this battle isn't over until hundreds of oath breaking politicians are permanently expelled from office for completely trashing the constitution, our most sacred document which buttresses our entire civilization.

Elon's acquisition of X is a 100 yard Hail Mary pass to help save our Republic. Trump, Vance, Elon, Tulsi, RFK Jr, and Vivek are our last chance.

> **Alex Finn** @AlexFinnX · Oct 18, 2024
>
> Elon's $44 billion purchase of X is the single greatest investment in human history
>
> Anyone who thinks otherwise is totally delusional
>
> ...
>
> Show more

103 211 1.6K 129K

Elon Musk
@elonmusk

If civilization falls, nothing else matters. That is why I bought this platform.

3:18 PM · Oct 19, 2024 · **74K** Views

261 364 2.7K 83

JKGgo, OAMap, seuCv

Ce n'est pas la peine d'en rajouter...

@AlexFinnX (18-10-2024)

L'achat de X par Elon pour 44 milliards de dollars est le plus grand investissement de l'histoire de l'humanité. Quiconque pense le contraire se fait des illusions... Elon n'a pas seulement acheté un réseau social. Il a acheté plus de pouvoir et de visibilité qu'aucun citoyen n'en a jamais eu auparavant... Et je ne mentionne même pas ce qui pourrait faire de lui le premier trillionnaire du monde : X pourrait, à lui seul, mettre Trump au pouvoir et faire d'Elon un conseiller. L'exposition sans filtre de Trump sur X a été son plus grand atout dans cette campagne.

Peu importe ce que vous pensez de Trump, s'il entre en fonction, toutes les chaînes d'Elon seront rompues. Les réglementations qui pèsent sur ses entreprises sont déjà pratiquement éliminées. Il aura la liberté d'accélérer aussi vite qu'il le souhaite... Si SpaceX atteint Mars dans les quatre prochaines années, elle devient instantanément une entreprise de plusieurs billions de dollars (un peu plus de 44 milliards de dollars, vous pensez ?).

Tout cela parce qu'il a acheté X... 44 milliards de dollars, ce n'était pas le prix d'un réseau social. C'est le prix de la plus grande machine publicitaire jamais créée.

@jasondebolt citant @AlexFinnX
L'investissement d'Elon dans X est un investissement dans l'Amérique. Pour l'avenir de l'Amérique, mais aussi du monde. Les bénéfices ne sont pas financiers (du moins, ce n'est pas l'objectif pour l'instant). Les bénéfices sont qu'il n'est plus inévitable que notre avenir soit orwellien.
Elon nous a sauvés d'un avenir orwellien 100 % CERTAIN.
Nous en sommes très proches et, honnêtement, cette bataille n'est pas terminée tant que les centaines de politiciens qui ont rompu leur serment n'auront pas été définitivement virés pour avoir complètement saccagé la Constitution, notre document le plus sacré qui soutient notre civilisation tout entière.
L'acquisition de X par Elon est une passe Hail Mary de 100 yards pour aider à sauver notre République. Trump, Vance, Elon, Tulsi, RFK Jr et Vivek sont notre dernière chance.

Commentaire d'@elonmusk (19-10-2024)
Si la civilisation s'écroule, rien d'autre ne compte. C'est pourquoi j'ai racheté cette plateforme.

Tout est dit dans ces échanges prémonitoires, c'est la beauté des verbatims. Le tweet d'@AlexFinnX a même dû être écourté pour tenir le chapitre.

Lavage de cerveaux avec un grand G

Contrairement à ce qu'il prétendait, Elon Musk n'a pas racheté Twitter pour défendre la liberté d'*expression, mais pour mettre à son service l'environnement informationnel de 500 millions d'utilisateurs. À force de conditionnement, il compte éradiquer le virus mental woke et utiliser son pouvoir d'influence pour accomplir un certain nombre de tâches nécessaires à sa conquête spatiale.

Cet objectif a été assumé on ne peut plus clairement le lundi 14 février 2023. Ce jour de la Saint-Valentin, Elon Musk a gratifié ses abonnés d'un tweet énigmatique composé d'une seule image. On peut y voir une jeune *femme blonde tenant par les cheveux une jeune *femme brune, agenouillée, au regard suppliant. De l'autre main, la blonde la force d'un air comminatoire à boire une bouteille de lait. Sur ce même, issu des bas-fonds misogynes de l'Internet, Elon Musk avait labellisé chacune des *femmes : « Les tweets d'Elon » pour la dominante et « Twitter » pour la dominée. À peine deux heures plus tard, un second message d'Elon Musk y apportait une légende : « Merci de rester informés pendant que nous faisons des ajustements à, heu... "l'algorithme". » De fait, tous les utilisateurs de Twitter purent remarquer ce jour-là que leur fil d'actualité était saturé de messages du boss[49].

ahk41

@elonmusk (14-02-2023) « Les tweets d'Elon. Twitter. »

[N.d.A.] Cette image (sans les annotations) est un mème Internet. Elon Musk y a ajouté les annotations « Elon's tweets » et « Twitter ». Elle a été publiée à la suite d'une modification nocturne de l'algorithme de recommandation de Twitter, ordonnée par Musk à ses ingénieurs à 2 heures du matin. Devant sa frustration d'avoir été moins retweeté que Joe Biden à propos du Super Bowl, l'objectif était que ce type de désagrément ne se reproduise plus.
Outre la misogynie de ce mème, vu plus de 178 millions de fois, le lait, symbole notoire des suprémacistes blancs, donne toute l'ambiguïté à ce tweet.

Le fin mot de l'histoire sera donné le lendemain par le journal *The Verge*. Lors du Super Bowl de dimanche, le tweet d'Elon Musk en soutien aux Philadelphia Eagles avait obtenu trois fois moins de vues que celui du président Joe Biden alors que Musk avait trois fois plus d'abonnés que lui. C'était la preuve que Twitter ne fonctionnait pas comme prévu. Furieux, il s'envola immédiatement pour le siège de l'entreprise où il convoqua en pleine nuit, à 2 h 36 du matin, 80 ingénieurs. Son ordre : remédier à cette anomalie. En tant que personne avec le plus grand nombre d'abonnés sur Twitter, il devait être celui qui avait le plus de vues, en toutes circonstances.

Le premier chantier d'Elon Musk à la tête de Twitter a donc été de modifier l'algorithmique de la plateforme afin de s'assurer qu'elle mettrait bien sa personnalité au centre du jeu. Une arène sur mesure, taillée à ses ambitions.

Pour comprendre l'ampleur de la situation, plongeons dans le fonctionnement de ces algorithmes qui sont au centre de toutes les attentions.

Elon Musk
@elonmusk

Very important to fix your Twitter feed:

1. Tap home button.
2. Tap stars on upper right of screen.
3. Select "Latest tweets".

You are being manipulated by the algorithm in ways you don't realize.

Easy to switch back & forth to see the difference.

1:04 AM · May 15, 2022

29K 95K 488K 9K

jC9f0

@elonmusk (14-05-2022)
Très important pour corriger votre fil d'actualité Twitter :
1. Appuyez sur le bouton d'accueil.
2. Appuyez sur les étoiles en haut à droite de l'écran.
3. Sélectionnez « Derniers tweets ».
Vous êtes manipulé par l'algorithme d'une manière que vous ne pouvez pas imaginer.
Il est facile de passer de l'un à l'autre pour voir la différence.

« Vous êtes manipulés par l'algorithme »

Nous formons nos opinions à partir des informations auxquelles nous sommes exposés, et force est de constater qu'une part croissante de ces informations nous vient des réseaux sociaux. Ils avaient en 2024 un taux d'adoption de près de 64 % au niveau mondial alors qu'ils étaient quasi inexistants vingt ans plus tôt. Un internaute y passe désormais plus d'un tiers de son temps en ligne, soit un peu plus de deux heures par jour en moyenne, les jeunes générations étant les plus accros aux réseaux.

Quel que soit le réseau social, vous n'avez en général pas le temps de lire tous les messages de vos abonnements. Pour cette raison, Facebook a inventé en 2006 le fil d'actualité (*news feed*), une page présentant une sélection de messages publiés par vos abonnements, enrichie de messages sélectionnés hors abonnements ainsi que de publicités ciblées. Tous les réseaux sociaux ont depuis lors adopté ce design. Sur Twitter-X, le fil d'actualité est constitué à 63 % de messages issus de vos abonnements, ce qui vous permet de lire en moyenne 3 % des messages qu'ils produisent[50].

Deux questions se posent alors. Comment sont choisis ces 3 % ? Comment sont choisis les 37 % hors abonnements ?

Pour vos abonnements, une méthode assez simple serait de vous montrer les messages les plus récents classés par ordre chronologique. Mais les réseaux sociaux ont vite compris que cela produisait des fils d'actualité ennuyeux. Si oncle Sam est dans sa phase « up », il inonde votre fil d'actualité de ses élucubrations. Si l'un ou l'une de vos amis ne se connecte pas aux mêmes heures que vous, vous ne voyez pas ses messages.

Les réseaux sociaux ont donc conçu des programmes informatiques plus sophistiqués : les fameux algorithmes de recommandation. Comme s'en alarmait Elon Musk sur Twitter avant de le racheter, les propriétaires de réseaux sociaux ont, par le *biais de leurs algorithmes, le pouvoir de moduler en temps réel la perception de l'information à l'échelle de centaines de millions d'utilisateurs. Les moins éthiques d'entre eux peuvent donc manipuler la formation de l'opinion publique en fonction de leurs intérêts.

C'était l'un des arguments des conservateurs américains pour justifier leur sentiment de *victimisation à l'ère pré-Musk[51]. Ils clamaient haut et fort que la circulation d'information sur Twitter était *biaisée en faveur des Démocrates, ce que plusieurs études ont contredit[52]. En revanche, une fois devenu propriétaire, Elon Musk ne s'est pas privé d'instrumentaliser l'algorithme pour servir ses intérêts. Voyons comment.

L'algorithme est *politique

Les algorithmes de recommandation sont la plupart du temps secrets, mais ils s'appuient sur un principe général commun : pour chaque message qu'est susceptible de voir un compte donné, des « points de visibilité » sont calculés en temps réel en fonction de caractéristiques du compte et du message.

Ces caractéristiques peuvent être, par exemple, la récence du message, le nombre de fois où par le passé le compte a partagé les tweets de l'auteur du message, ou le nombre de fois où le message a été partagé par les abonnements du compte. Tous ces points sont ensuite additionnés en un score de visibilité du message (*ranking score*). À chaque fois que vous rafraîchissez votre fil d'actualité, sont affichés les dix messages non lus ayant le plus haut score de visibilité.

Les « recettes », secrètes, des fils d'actualité sont donc composées de la liste des caractéristiques mesurées et de leurs poids respectifs dans le score de visibilité d'un message. C'est là que s'inscrit la politique, au sens propre du terme, d'un réseau social. Vous voulez que chaque voix compte ? Assurez-vous que tous les abonnements aient la même chance d'apparaître dans le fil d'actualité d'un abonné. Vous voulez un système conformiste ? Privilégiez les messages ayant été le plus partagés par le passé. Vous voulez favoriser la domination du capital social

Elon Musk
@elonmusk

Note: if many people who you follow or like also follow me, it is highly probable that the algorithm will recommend my tweets. It's not super sophisticated.

In coming months, we will offer the ability to adjust the algorithm to closer match what is most compelling to you.

8:41 PM · Feb 17, 2023 · **37.8M** Views

9.3K 9.9K 149K 585

glc1p

@elonmusk (14-02-2023)
Remarque : si de nombreuses personnes que vous suivez ou aimez me suivent également, il est très probable que l'algorithme recommande mes tweets. Ce n'est pas très sophistiqué.
Dans les mois à venir, nous offrirons la possibilité d'ajuster l'algorithme pour qu'il corresponde mieux à ce qui vous intéresse le plus.

[N.d.A.] Musk n'a jusqu'à ce jour jamais tenu cette promesse d'offir la possibilité d'ajuster l'algorithme.

(nombre d'abonnés d'un compte) ? Affichez en priorité les messages des comptes suivis ayant le plus grand nombre d'abonnés.

L'une des règles qu'a choisie Elon Musk pour dominer Twitter-X en février 2023 favorise quant à elle la domination du capital social à l'échelle de la plateforme : « Si de nombreuses personnes que vous suivez ou aimez me suivent également, il est très probable que l'algorithme recommande mes tweets. » Elle alimente notamment les fameux 37 % hors abonnements.

« Ce n'est pas très sophistiqué. » @elonmusk avait le deuxième plus gros compte Twitter avec plus de 128 millions d'abonnés, juste derrière Barack Obama. Tout utilisateur avait donc a priori une partie de ses abonnements eux-mêmes abonnés à @elonmusk, par curiosité, approbation ou pour de la veille. Même non abonné à Elon Musk, le fil d'actualité de tout compte de Twitter-X allait donc afficher ses messages en proportion de son activité. Or contrairement à Barack Obama, qui a posté en moyenne 955 tweets par an depuis la création de son compte, Elon Musk est un twittos compulsif avec 4 700 tweets par an et une nette accélération fin 2022 pour atteindre plus de 24 000 tweets par an (E135O). Depuis 2023, même non abonné à Elon Musk, il est donc impossible d'échapper à ses messages, sauf à le bloquer. En 2025, il était devenu le plus gros compte de Twitter-X avec près de 220 millions d'abonnés, soit un tiers des utilisateurs de la plateforme. CQFD.

Waleed Shahid
@waleedshahid.bsky.social

The top 25 political and news accounts on X in the past 30 days.

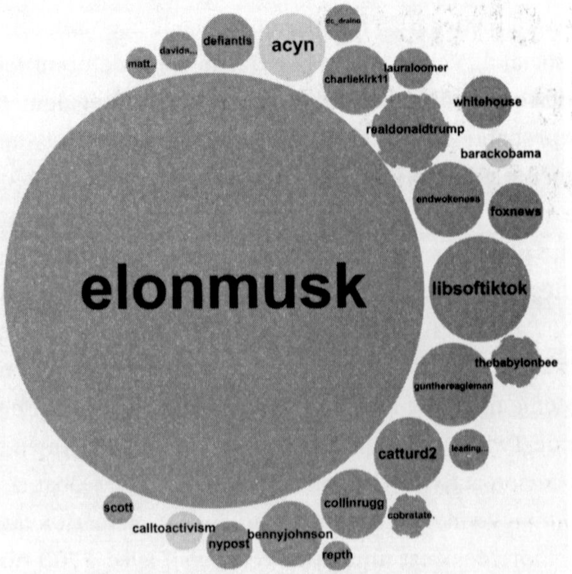

Above : The top 25 political & news accounts on X by 30 day post views
Data collected 3/12/25. Source CAP Action

21 mars 2025 à 03:43 · Tout le monde peut répondre · Traduire

710 reposts **356** citations **2,6 k** ont aimé

8q8Ge

@waleedshahid. bsky. social (25-03-2025)
Le top 25 des comptes politiques et d'actualité sur X au cours des 30 derniers jours.

[N.d.A.] La surface d'un cercle correspond au nombre d'impressions sur trente jours du compte, c'est-à-dire le nombre cumulé de vues de leurs tweets (données collectées au 12 mars 2025). Les cercles foncés correspondent aux comptes partisans des Républicains, les clairs aux partisans Démocrates. Ce message a été posté depuis la plateforme de microblog BlueSky. Le graphique a été édité pour l'adapter au format noir et blanc. Un crénelage a été ajouté aux trois comptes ayant bénéficié de l'amnistie d'Elon Musk (voir chap. « Let that sink in »).

X : l'endroit où chacun a le droit d'avoir l'opinion d'Elon

Elon Musk est entré dans le Top 50 des comptes les plus populaires sur Twitter-X au printemps 2020, à la faveur notamment de déclarations controversées sur la pandémie de Covid-19[53]. Il ne cessa de gagner des places par la suite jusqu'à détrôner Barack Obama (130 millions d'abonnés) en avril 2023. Cette ascension fulgurante n'a rien de méritocratique. Elle a a priori été facilitée par les actions d'amplification du compte @elonmusk et la modification de l'algorithme du fil d'actualité en faveur des grands comptes. Mais ce n'est pas tout.

Pour finaliser son inscription, tout nouvel utilisateur doit obligatoirement commencer par suivre quelques comptes suggérés par Twitter-X. Comme constaté par le *New York Times*[54], Elon Musk s'est mis en tête de gondole des suggestions, ce qui lui assure un flux continu de nouveaux abonnés.

Enfin, il laisse des comptes inauthentiques (« bots ») décupler son influence alors même que cela est proscrit par les conditions d'utilisation de X (sjgsK). Cela a été le cas par exemple pour son soutien au parti d'extrême droite AfD pendant les élections allemandes de 2024, amplifié par une armée de bots[55].

Cette pratique n'est a priori pas nouvelle chez Musk. Le *Los Angeles Times* a par exemple montré que des bots ont été utilisés avant son rachat de Twitter pour imposer le culte de sa personnalité et de Tesla entre 2010 et 2020[56].

Grâce à toutes ces astuces, Elon Musk est non seulement devenu le « mâle alpha » de Twitter-X, mais il y a créé un écosystème *inégalitaire sans précédent. *The rich get richer* comme on dit dans le jargon. Cela s'appréhende par exemple via l'indice de Gini qui mesure l'*inégalité dans la répartition des richesses (ici l'influence sociale). L'indice de Gini des popularités des dix plus gros comptes de Twitter-X a oscillé entre 0,087 et 0,098 entre 2018 et 2021. En 2025, il avait atteint 0,127.

La volonté d'Elon Musk d'imposer ses idées ne s'est pas arrêtée à sa personne. Même s'il est difficile d'estimer le *biais idéologique de Twitter-X depuis que la plateforme a fermé l'accès à ses données en 2023, une étude du *Wall Street Journal* a observé empiriquement pendant la campagne présidentielle américaine 2024 l'injection de tweets politiques non sollicités dans les fils d'actualité des utilisateurs. La majorité d'entre eux défendait les idées du parti républicain. En mars 2025, une analyse par CAP Action du nombre d'impressions des vingt-cinq plus gros comptes de Twitter-X montrait quant à elle de manière flagrante ce que tout le monde pensait tout bas : non seulement Musk écrase artificiellement le match sur X, mais ses partisans aussi.

Un gavage d'utilisateurs en règle, complété par un certain nombre d'artifices de la maison Musk...

Est-on malade d'être sur X ?

« Pour un titre de longueur moyenne, chaque mot négatif supplémentaire augmente le taux de clics de 2,3 %. » C'est le résultat d'une étude publiée en 2023[57] dans *Nature Human Behaviour*. Elon Musk conjecturait sur X que ce phénomène soit lié à un *biais d'origine évolutionnaire privilégiant l'attention pour les informations signalant un danger. Sans se perdre en conjectures, ce *biais d'attention est bien réel, identifié depuis longtemps en psychologie sous le nom de *biais de négativité[58].

Ce *biais de négativité, qui existe aussi bien en ligne que hors ligne, interfère avec le modèle économique des plateformes sociales qui utilisent l'engagement (optimisation du nombre de clics, partages et commentaires) comme métrique pour recommander des contenus. Cela a pour effet mécanique de produire ce qui a été appelé *biais de négativité algorithmique[59] : une surreprésentation des contenus dit toxiques (insultes, attaques personnelles, obscénités) dans les fils d'actualité des utilisateurs. En 2023, il a ainsi été mesuré sur Twitter-X que le fil d'actualité des utilisateurs était enrichi à + 49 % en contenus toxiques par rapport à ce à quoi ils s'abonnent. Dans certains cas, l'amplification de la toxicité atteint + 200 % !

X met donc en avant dans votre fil d'actualité ce que votre environnement social produit de plus toxique, biaisant ainsi

Marc Andreessen @pmarca · Mar 26, 2024

The basis of the psyop.

> **Rob Henderson** @robkhenderson · Mar 26, 2024
>
> Each additional negative word in a headline = 2.3% increase in click-through rate
>
> Most frequent negative words in headlines :
>
> ...
>
> Show more

23 71 782 147K

Elon Musk
@elonmusk

It's just what resonates with our limbic system.

Evolutionarily, news about danger was far more important than good news, as the former could result in your death.

Those who did not respond to danger did not procreate – only the paranoid survived.

In modern times, the danger is far away and rarely actually affects us, but our vestigial limbic resonance with scary news remains.

9:24 PM · Mar 26, 2024 · **185.9K** Views

146 243 1.7K 193

x290X, vNAIQ, qS0JJ

la perception du réel de centaines de millions d'individus. Les modifications qu'a effectuées Elon Musk dans la machinerie de Twitter-X avaient-elles des motivations économiques[60] ? Toujours est-il qu'elles ont aggravé la situation. Avant son arrivée, l'amplification n'était « que » de + 32 %. Une tendance similaire a été mesurée à l'échelle de la plateforme avec une augmentation du taux de *discours de haine de 50 %[61].

Une telle intervention dans le fil d'actualité des utilisateurs a un impact direct sur leur état émotionnel et leur manière de s'exprimer[62]. Lorsque la proportion de messages négatifs lus augmente, les utilisateurs produisent eux-mêmes moins de messages positifs et plus de messages négatifs. Sur Twitter-X spécifiquement, des chercheurs ont montré que le temps passé sur la plateforme est positivement corrélé à des changements substantiels dans la baisse du bien-être, le sentiment d'appartenance et l'indignation des utilisateurs[63].

L'opacité du code source de Twitter-X[64] – et l'inaccessibilité de ses données – rend impossible d'identifier avec certitude les choix d'Elon Musk qui ont mené à cette situation. Il y a certainement

---

▶ @robkhenderson (26-04-2025)
Chaque mot négatif supplémentaire dans un titre = 2,3 % d'augmentation du taux de clics. Mots négatifs les plus fréquents dans les titres : 1. Faux, 2. Mauvais, 3. Affreux, 4. Haineux, 5. Guerre, 6. Le pire, 7. Malade, 8. Combattre, 9. Effrayant, 10. Enfer

@pmarca
La base de la psyop[65].

@elonmusk
C'est tout simplement ce qui entre en résonance avec notre système limbique. Du point de vue de l'évolution, les nouvelles concernant un danger étaient bien plus importantes que les bonnes nouvelles, car les premières pouvaient entraîner la mort.
Ceux qui ne réagissaient pas au danger ne procréaient pas – seuls les paranoïaques survivaient. À l'époque moderne, le danger est loin et nous affecte rarement, mais notre résonance limbique vestigiale avec les nouvelles effrayantes demeure.

un mélange entre les modifications de l'algorithmique de X et l'impact de mesures telles que la décision de rétablir les comptes bannis pour leur toxicité ou l'abandon de toute modération.

Quoi qu'il en soit, les impacts de ces modifications ne se sont pas limités à la santé mentale des utilisateurs…

Et Musk fit la société à son image

L'amplification de la toxicité par les algorithmes de recommandation a eu un effet global sur les structures sociales qui ont changé de nature sur X.

Twitter-X a augmenté la *polarisation *politique et l'hostilité entre groupes sociaux, ce qui de manière évidente nuit au débat public et à la cohésion sociale. Il a également été démontré que, sur le moyen terme, sa politique algorithmique concentre l'influence sociale entre les mains des utilisateurs les plus toxiques : la surreprésentation des comptes toxiques dans le top 1 % des influenceurs est estimée à + 40 %. Les personnes qui jouent l'ouverture d'esprit et prônent un débat d'idées apaisé sont ainsi *de facto* progressivement invisibilisées au profit des *discours de haine et de la désinformation[66].

X assume totalement ne plus vouloir lutter contre ces deux fléaux. La compagnie a par exemple suspendu sa politique de lutte contre la désinformation sur la pandémie de Covid-19 en 2022[67]. Si X conserve son influence actuelle sur la formation de l'opinion publique, le coût social, humain et économique de la prochaine pandémie risque d'être considérable.

Elon Musk
@elonmusk

7:27 AM · Nov 24, 2024 · **33.1M** Views

5.3K 20K 284K 4.7K

6fXEx

[N.d.A.] Ce mème Internet, posté par Elon Musk quelques jours après la victoire de Donald Trump de 2024, représente un pyromane labellisé « Elon » jetant de l'essence labellisée « X » sur un feu ardent labellisé « Personnes très importantes et sensibles ». Difficile de faire plus clair.

X a par ailleurs supprimé le « badge de certification » qui permettait du temps de Twitter de garantir l'authenticité d'un compte[68]. Celui-ci a été recyclé pour signaler qu'un compte a payé pour gagner en visibilité. Les conséquences ont été immédiates avec de multiples usurpations d'*identités, y compris à des fins économiques. Par exemple, un faux compte se faisant passer pour l'entreprise pharmaceutique Eli Lilly a annoncé en 2023 la gratuité de l'insuline, provoquant en bourse une chute brutale du cours de l'entreprise (– 4,37 %)[69]. Une bonne occasion pour les initiés de spéculer.

Elon Musk a donc utilisé Twitter-X pour modeler la société à son image : vindicative, fébrile, insensible, extrême droitière. Mais cette amplification de la décohésion sociale ne risque-t-elle pas de nuire à ses alliés politiques maintenant qu'ils ont conquis le pouvoir ? C'est la conclusion à laquelle il semble être arrivé en janvier 2025 avec l'annonce qu'« une modification de l'algorithme sera bientôt apportée pour promouvoir un contenu plus informatif-divertissant. [...] Trop de négativité est mise en avant, ce qui augmente techniquement le temps d'utilisation, mais pas le temps d'utilisation non regretté ».

Après avoir enflammé la société sous Biden, X se transformera-t-il en opium du peuple, invisibilisant toute opposition à Trump ? La liberté d'*expression n'exige-t-elle pas que les réseaux sociaux soient neutres vis-à-vis des passions de la société, sans les amplifier ni les atténuer ?

Quoi qu'il en soit, Musk est persuadé d'avoir porté un coup au virus mental woke avec le rachat de Twitter-X, et il l'utilise désormais pour le combattre sur d'autres terrains.

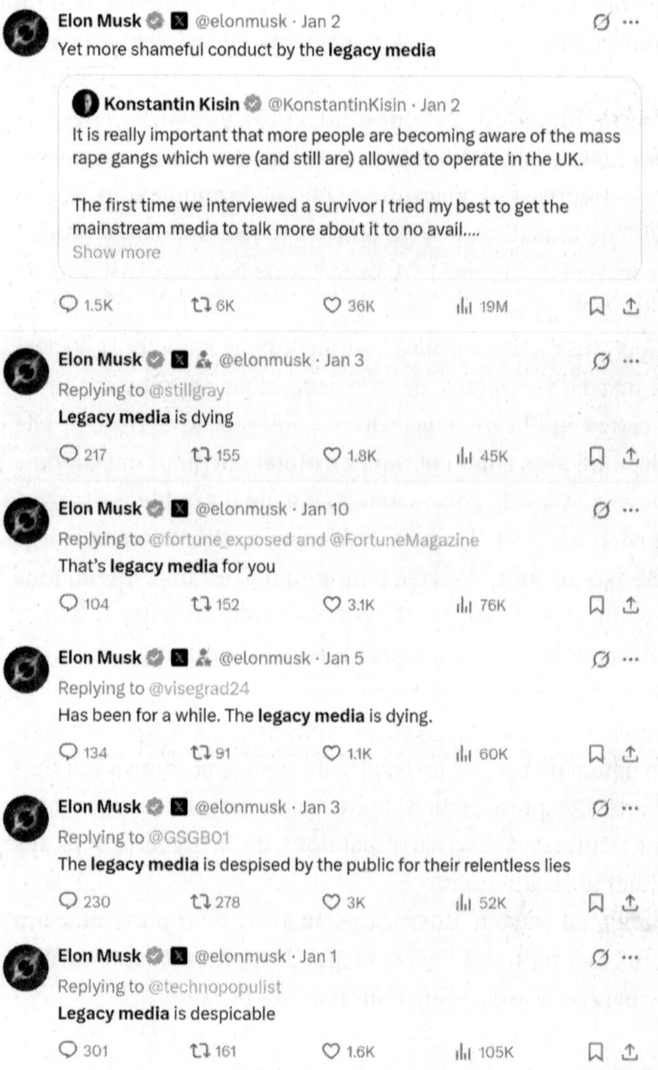

Elon Musk @elonmusk · Jan 2

Yet more shameful conduct by the **legacy media**

> **Konstantin Kisin** @KonstantinKisin · Jan 2
>
> It is really important that more people are becoming aware of the mass rape gangs which were (and still are) allowed to operate in the UK.
>
> The first time we interviewed a survivor I tried my best to get the mainstream media to talk more about it to no avail....
>
> Show more

1.5K · 6K · 36K · 19M

Elon Musk @elonmusk · Jan 3

Replying to @stillgray

Legacy media is dying

217 · 155 · 1.8K · 45K

Elon Musk @elonmusk · Jan 10

Replying to @fortune_exposed and @FortuneMagazine

That's **legacy media** for you

104 · 152 · 3.1K · 76K

Elon Musk @elonmusk · Jan 5

Replying to @visegrad24

Has been for a while. The **legacy media** is dying.

134 · 91 · 1.1K · 60K

Elon Musk @elonmusk · Jan 3

Replying to @GSGB01

The **legacy media** is despised by the public for their relentless lies

230 · 278 · 3K · 52K

Elon Musk @elonmusk · Jan 1

Replying to @technopopulist

Legacy media is despicable

301 · 161 · 1.6K · 105K

MÉDIAS TRADITIONNELS

LEGACY MEDIA

Elon Musk
@elonmusk

I'm not brainwashed!!

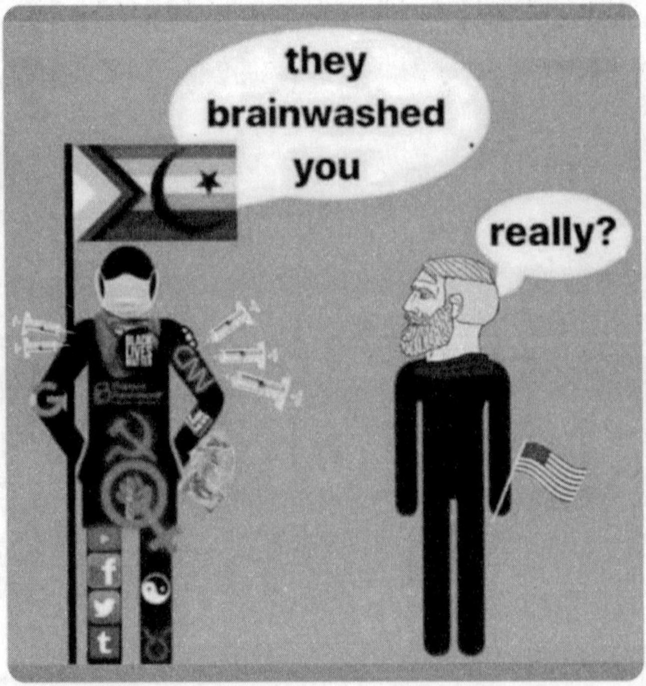

8:11 AM · Dec 28, 2022 · **131.3M** Views

63K 178K 1.1M 14K

JLPbh

« Les médias traditionnels doivent mourir »

Voilà qui a le mérite de la concision. S'apprêtant à devenir plus puissant que jamais à la tête du DOGE, Elon Musk annonce la couleur sur X en souhaitant la mort des médias (Ccnch).

Ses relations avec les médias traditionnels sont houleuses depuis l'aube de la pandémie de Covid-19, où il a délaissé ses habits de disrupteur de la tech pour endosser ceux de disrupteur

---

▶ @elonmusk (28-12-2022)
On ne m'a pas lavé le cerveau !!

[N.d.A.] « On vous a lavé le cerveau », dit un personnage visiblement communiste, multivacciné, masque sur le visage, habits ornés des logos des services phares de la Silicon Valley et de mouvements tels que Black Lives Matter, et portant un drapeau trans inclusif agrémenté d'une étoile et d'un croissant, l'un des symboles de l'Islam.
Réponse de l'homme américain, blond et viril : « Vraiment ? »
Pour se persuader que la vérité est de son côté, Elon Musk doit nécessairement envisager les autres comme *victimes d'un lavage de cerveau « woke ».
Le personnage de droite est celui utilisé par le compte anonyme @endwokeness, souvent relayé par Elon Musk, dont plusieurs indices laissent penser qu'il est opéré par @JackPosobiec[70]. @JackPosobiec est une figure importante de l'*alt-right* (extrême droite) américaine et du dispositif de propagande du Kremlin. C'est @JackPosobiec qui a par exemple divulgé les #MacronLeak en 2017, fuites de courriels de l'équipe de campagne d'Emmanuel Macron hackés par le Kremlin, et mises en ligne dans le but d'avantager Marine Le Pen au second tour de la présidentielle française (voir D. Chavalarias, *Toxic Data*, chap. 1).

de faits avérés. Après avoir prédit que l'épidémie s'arrêterait en avril 2020, alors qu'elle fera plus d'un million de morts aux États-Unis (800F7), il n'a cessé de qualifier la « panique » autour de cette épidémie d'« idiotie » (8rsOi), diffusant plusieurs contre-vérités telles que l'immunité prétendue des enfants (VPe3U), l'équivalence entre contagiosité de la grippe et du Covid-19 (VdMVc) (alors qu'il se transmet par voies aériennes) ou l'efficacité de l'hydroxychloroquine (x6Zpd).

Peut-être s'est-il auto-intoxiqué sur Twitter en tombant dans un *rabbit hole*, un entre-soi numérique et melting-pot de théories conspirationnistes ? Toujours est-il que son attitude complotiste s'est intensifiée, allant du relais du Pizzagate (xiz1M)[71] à la théorie de la submersion migratoire[72] et aux rumeurs de fraudes électorales (bGczL, TZFpJ), en passant par de la désinformation sur les catastrophes naturelles[73]. Certaines infox atteignent des sommets d'indécence, comme l'insinuation que l'agression au marteau contre le mari d'une élue démocrate (Nancy Pelosi) ne serait qu'une querelle d'ivrognes avec son gigolo (K3dTF).

Non seulement Elon Musk est devenu le plus important pourvoyeur de désinformation sur Twitter-X[74], mais 80 % des désinformateurs les plus influents lui doivent leur succès[75]. Dans ce contexte, on comprend qu'il préfère présenter les *fact-checkers* comme des « gros menteurs incroyablement biaisés » (LsUsw), une aversion qu'il voue sans nuance à l'ensemble des médias traditionnels qualifiés à longueur de journée de menteurs et de fraudeurs (hdeds).

Son inimitié s'étend à toutes les arènes où une information fiable est recherchée avec méthode : journalisme, science (ekMar), Wikipedia (MdUMf) (renommée en « wokipedia », qu'il a appelé à ne plus financer[76]). C'est littéralement une lutte à mort.

Ainsi, il a accusé Anthony Fauci, 82 ans, chef de la cellule de crise de l'administration Trump sur le Covid-19, d'avoir tué des millions de personnes (ulu6S) et il rappelle régulièrement à Fauci qu'il a une cible dans le dos en tweetant : « Mes *pronoms sont "poursuivez / Fauci"[77] », devenu un véritable TOC (fc0qB). Cela tombe bien, pour son second mandat, Donald Trump a retiré au virologue la protection fédérale qui lui permettait de bénéficier de gardes du corps suite à la multiplication des menaces de mort à son encontre[78].

Il y a une logique commune à cette furie : tous ces acteurs sont contaminés par le virus mental woke (iAEH9, HA9gX, ulu6S). Ils sont donc à éradiquer.

Sauf que Musk a besoin encore un temps des journalistes sur X...

The Rabbit Hole @TheRabbitHole84 · Apr 16, 2024

Imagine working somewhere for 25 years and getting suspended because you're not Woke.

NPR is a joke of an organization lol.

NPR suspends veteran editor Uri Berliner, who called out left-wing bias

By Alexandra Steigrad

Published April 16, 2024, 9:32 a.m. ET

69 430 2.5K 102K

Elon Musk
@elonmusk

NPR is run by woke Stasi

6:48 PM · Apr 16, 2024 · **115.4K** Views

171 369 2.9K 42

NNzjb, Ex50z

Les médias traditionnels en soins palliatifs

« Les Démocrates ne comptent pas. La véritable opposition, ce sont les médias. Et la façon de traiter avec eux est d'inonder la zone de merde. » Voici la stratégie de l'extrême droite américaine (*alt-right*) vis-à-vis des médias. Théorisée en 2018 par Steve Bannon, conseiller de Donald Trump[79], celui-ci précise « qu'il ne s'agit pas de persuasion mais de désorientation ».

L'instrumentalisation de X en arme de désinformation massive s'inscrit dans ce cadre, et Elon Musk a besoin pour cela de récupérer la plus grande part d'audience possible. L'ogre ambitionne ni plus ni moins de se substituer à l'ensemble de

---

▶ @TheRabbitHole84 (16-04-2024)
Imaginez que vous travailliez quelque part pendant 25 ans et que vous soyez suspendu parce que vous n'êtes pas Woke. NPR est une organisation bidon lol.

@elonmusk
NPR est dirigé par une Stasi woke

[N.d.A.] L'échange commentait la décision du média NPR de suspendre pendant cinq jours l'un de ses plus anciens journalistes. Celui-ci avait ouvertement ridiculisé la couverture de l'actualité par NPR dans un article pour un journal concurrent anti-establishment, affirmant que la chaîne n'avait pas couvert correctement les allégations de collusion entre Donald Trump et la Russie pendant la campagne électorale de 2016, la théorie controversée de la fuite du laboratoire Covid-19 et l'affaire « Hunter Biden » publiée par le *New York Post*[80].

l'écosystème informationnel, moteurs de recherche compris (hQolC). Mais si les journalistes sont l'ennemi à abattre, il faut néanmoins qu'ils restent sur X jusqu'à ce qu'ils en meurent.

Car Musk a besoin de tout ce beau monde pour entraîner Grok[81], l'intelligence artificielle censée les remplacer. Inspirée d'un personnage de Douglas Adams, auteur du *Guide du voyageur galactique*, ouvrage fétiche d'Elon Musk, Grok se présente comme une IA généraliste, capable aussi bien de vous informer en temps réel de l'actualité (bfeEi) que d'interpréter la radiographie de votre bras cassé (ZelbY). Elle promet aux utilisateurs une information immédiate, exhaustive et plus accessible que celle des médias traditionnels (qmsQf).

Pour Musk, l'actualité a l'inconvénient d'être produite par des journalistes publiant sur des sites protégés par le droit d'auteur. En revanche, les conditions d'utilisation de X lui permettent de réutiliser légalement et comme bon lui semble tout contenu d'un tweet (J6FsZ). Pour éviter de payer des droits aux médias, il est donc nécessaire que les journalistes donnent gratuitement leurs contenus sur X, et Elon Musk est prêt à tout pour les y contraindre. Il a par exemple menacé la radio publique NPR de réaffecter son compte à une « autre entreprise » lorsqu'elle a annoncé son intention d'arrêter de tweeter[82]. NPR qu'il accuse d'être dirigée par une « Stasi woke » (NNzjb)...

Ce n'est pas une menace en l'air : Musk revendique la propriété absolue de tous les comptes X. En 2025, *The Onion* rachète *InfoWars*, le média complotiste d'Alex Jones, pour en détourner le compte X au profit de la lutte contre la désinformation. *InfoWars* avait fait faillite après une condamnation record de 1,5 milliard de dollars pour avoir qualifié une fusillade dans une école primaire de mise en scène gouvernementale visant à discréditer le port d'arme. Mais Musk, proche de Jones, a bloqué le transfert du compte pour raisons idéologiques, refusant qu'il serve à contredire les narratifs de ses alliés.

Tant que les journalistes seront sur X, sa compagnie xAI qui a racheté X en 2025[83] pourra exploiter cette mine d'or et entraîner Grok sur leur dos. Mais une fois qu'ils auront disparu, qui va vérifier les faits ?

Elon Musk
@elonmusk

Community Notes and rebuttals by users on this platform are the biggest factor pushing the legacy media to be less deceptive.

To hold legacy media accountable for lies, it is super important to send links from 𝕏 to friends who aren't yet on this platform.

> **Bill Ack...** @BillAck... · Dec 22, 2024
>
> One way to make the media more honest is to make it more painful to the reporters and editors who get it wrong. When stories are proven false, corrections must be made promptly and carry as much visibility and views as the original piece. ...
>
> Show more

6:27 PM · Dec 22, 2024 · **16.9M** Views

2.8K 10K 63K 926

5cJY2, wYE5p

Une *vox populi* assez peu *vox Dei*

En parallèle de son offensive IA, Elon Musk a ouvert un nouveau front contre ceux qu'il qualifie de « superméchants de la suppression de la parole » (msOTz) : s'accaparer la vérification des faits. Sa solution ? Les notes de la communauté devenues l'alpha et l'oméga de la vérité. Mark Zuckerberg, patron de Meta (Facebook, Instagram) lui a emboîté le pas juste après la victoire de Trump en 2024. Avec « plus de discours et moins d'erreurs[84] » comme cri de guerre, il mit fin brutalement à ses collaborations avec les *fact-checkers*, qu'il compte également remplacer par ces fameuses notes de la communauté. Mais quelle est donc cette solution magique censée garantir la fiabilité de l'information ?

Les notes de la communauté sont un système d'annotations des tweets permettant d'y ajouter du contexte. Ces annotations

---

▶ @BillAckman (22-12-2024)
« L'un des moyens de rendre les médias plus honnêtes est de rendre la tâche plus pénible aux journalistes et aux rédacteurs en chef qui se trompent. Lorsque des articles se révèlent faux, les corrections doivent être faites rapidement et avoir autant de visibilité et de vues que l'article original. [...] »

@elonmusk
« Les notes de la communauté et les réfutations des utilisateurs sur cette plateforme sont le principal facteur qui pousse les médias traditionnels à être moins trompeurs. Pour tenir les médias traditionnels responsables de leurs mensonges, il est très important d'envoyer des liens de X à ceux de vos amis qui ne sont pas encore sur cette plateforme. »

sont invisibles au commun des utilisateurs sauf si elles sont reconnues comme « utiles » par un pool d'annotateurs approuvés et suffisamment divers en termes d'opinions. Sur le papier, l'idée est bonne et inspire la confiance des utilisateurs[85]. Les résultats de la recherche sur le sujet sont néanmoins mitigés[86]. Ils montrent notamment qu'elles échouent à ralentir la diffusion d'une infox dans les heures qui suivent sa mise en ligne, stade le plus viral[87].

Plus préoccupant, rien n'empêche les notes de la communauté de devenir elles-mêmes vecteurs de désinformation, comme l'a d'ailleurs reconnu du bout des lèvres Elon Musk le 20 février 2025 (m25yK). Une démonstration magistrale nous en a été donnée lorsqu'une députée française a annoncé vouloir quitter X en janvier 2025[88]. Son tweet a immédiatement été paré d'une note de la communauté ironisant, captures d'écran à l'appui, « C'est la 5e fois depuis août 2022 qu'elle quitte Twitter ». Deux jours plus tard, sur une chaîne d'info nationale, la présentatrice met sous le nez de l'élue son tweet assorti de sa note de la communauté, preuve de l'insincérité de sa démarche. Malaise sur le plateau... Dans la foulée, d'autres journalistes réputés déversent leurs moqueries sur les chaînes nationales ; jusqu'à ce que le verdict tombe : les annotateurs se sont fait flouer, les captures d'écran étaient bidons et la députée était sincère.

Que les notes de la communauté se transforment en armes de harcèlement massif grâce aux journalistes et humoristes de grandes chaînes d'info devrait inquiéter plus d'un rédacteur en chef. De simples *mea culpa* ne suffiront pas à effacer ce type d'errements qui ajoute une corde à l'arc des détracteurs du journalisme. En ligne, rien ne s'oublie, tout se *bookmark* et ce genre d'épisode est utilisé en boucle pour discréditer un peu plus les *legacy medias*.

Mais il y a une raison plus profonde à la défaillance des notes de la communauté...

Elon Musk @elonmusk

Subscribe

The reality of this election was plain to see on 𝕏, while most legacy media lied relentlessly to the public.

You are the media now.

Please post your thoughts & observations on 𝕏, correct others when wrong and we will have at least one place in the world where you can come to find the truth.

> **ELON FACTS** @ElonFactsX · Nov 6, 2024
>
> Legacy media is dead. Long live citizen journalism!
>
> The US presidential campaign was further proof of what Elon Musk has been repeatedly predicting: citizen journalism is overtaking traditional media.
>
> ...
>
> Show more

5:59 PM · Nov 6, 2024 · **63.9M** Views

32K 92K 531K 10K

P4JWw

Maintenant, les médias c'est vous !

Le concept des notes de la communauté repose sur l'hypothèse que la désinformation est l'œuvre d'individus malveillants et isolés alors que l'individu moyen reconnaîtrait les vérités quand elles sont assorties du bon contexte. C'est oublier un rôle fondamental des infox : repérer ceux qui vous sont totalement dévoués.

Prenons un cas extrême. Hitler prétend dans *Mein Kampf* qu'un leader doit « insuffler au peuple une foi aveugle » et créer une armée d'« hommes intellectuellement moins capables » à qui l'on inculque une « discipline rigide et une foi fanatique ». Dans un tel cadre, les fausses informations et les faits alternatifs

---

▶ @ElonFactsX* (06-11-2024)
Les médias traditionnels sont morts. Vive le journalisme citoyen !
La campagne présidentielle américaine a apporté une nouvelle preuve de ce qu'Elon Musk n'a cessé de prédire : le journalisme citoyen est en train de prendre le pas sur les médias traditionnels.

@elonmusk
La réalité de cette élection était évidente sur X, alors que la plupart des médias traditionnels ont menti sans relâche au public. Maintenant, les médias c'est vous. Merci de poster vos réflexions et observations sur X, de corriger les autres lorsqu'ils ont tort et nous aurons au moins un endroit dans le monde où vous pourrez venir pour trouver la vérité.

servent autant à désorienter vos adversaires politiques qu'à repérer les individus qui les relaient sans ciller, probablement prêts à tout pour défendre votre camp. Reconnaître ses erreurs est antinomique de cette conception du leadership.

La personnalité politique qu'Elon Musk a décidé de soutenir pour la présidentielle américaine de 2024 n'est pas Hitler, même si son plus ancien chef de cabinet, John Kelly, affirme que Donald Trump envie la loyauté de ses généraux allemands et que selon lui « Hitler a fait de bonnes choses[89] ». Mais force est de constater que Trump a toujours refusé d'admettre ses erreurs[90] et a insufflé ce travers à sa base. Elle était par exemple toujours convaincue en 2024 que l'élection de 2020 était truquée. La stratégie politique de Donald Trump semble même correspondre à une stratégie en trois temps appelée « Darvo » : nier, attaquer, se victimiser[91].

Dans ce contexte, dès qu'un sujet est fortement bipolarisé, le camp qui refuse systématiquement d'admettre ses erreurs n'a que très peu de notes de la communauté et est donc favorisé par ce système de vérification. La promotion des notes de la communauté comme unique système de vérification, en plus de mettre les journalistes sur la touche, favorise donc le camp politique qu'Elon Musk s'est choisi.

« Le sujet idéal de la domination totalitaire n'est ni le nazi convaincu ni le communiste convaincu, mais celui pour qui les distinctions entre fait et fiction (c'est-à-dire la réalité de l'expérience) et entre vrai et faux (c'est-à-dire les normes de la pensée) n'existent plus », nous rappelait Hannah Arendt. Algorithmique biaisée, comptes violents rétablis, système de vérification biaisé et mégaphone sur mesure, quelques mois avant l'élection présidentielle américaine de 2024, la transformation de Twitter en machine à effacer la frontière entre faits et fiction était enfin parachevée. Le moment était donc venu pour Elon Musk de s'attaquer à la transformation de l'État américain et de l'aligner avec ses objectifs. En toute logique, son allié politique annonçait ironiquement pendant sa campagne : « Je ne serai pas un dictateur, sauf le premier jour[92]. »

Elon Musk @elonmusk · Oct 17, 2024
Replying to @BasedBeffJezos
Trump needs to win by a landslide. That is the goal.

164 · 341 · 3.4K · 70K

Elon Musk @elonmusk · Oct 13, 2024
Replying to @amuse
If **Trump** is not elected, the slow strangulation by overregulation will stop humanity from reaching Mars

349 · 636 · 5.3K · 113K

Elon Musk @elonmusk · Oct 13, 2024
Trump must win or this will get more insane than you can imagine

> **Ian Miles Cheong** @stillgray · Oct 12, 2024
> This is what lawfare against Elon Musk looks like, and they aren't even hiding it.
>
> The California Coastal Commission voted 6-4 to reject SpaceX's proposal to increase Falcon 9 launches from 36 to 50 at Vandenberg ...
> Show more

9.9K · 36K · 212K · 40M

TRUMP

TRUMP

Elon Musk
@elonmusk

True.

I think @realDonaldTrump winning makes a big difference in humanity getting to Mars and making life multiplanetary.

This might one day save life as we know it.

> **Dima Zeniuk** @DimaZeniuk · Oct 30, 2024
> One of the main reasons Elon Musk became more active in politics is his goal to reach Mars & make life possible there

11:15 PM · Oct 30, 2024 · **28.2M** Views

12K 19K 147K 3.3K

dZTwK

Une élection lunaire

Elon Musk est un libertarien pour qui la politique ne doit pas s'immiscer dans les affaires économiques et réciproquement. Neuf mois à peine avant l'échéance électorale de 2024, il déclarait encore : « Pour être tout à fait clair, je ne donne de l'argent à aucun des candidats à la présidence des États-Unis » (mT2Gw).

Il était en revanche en pleine « guerre culturelle » (qgv3b) contre le « virus mental woke » (ARad9), responsable selon lui du « suicide de l'humanité » (Nc4ir). Sa mainmise sur Twitter était l'un des moyens de mener cette lutte, son algorithmique ayant été adapté pour imposer un « contre-narratif ».

Mais entre-temps, Elon Musk s'est convaincu que, s'il ne s'occupait pas de politique, la politique s'occuperait de lui et que le « lent étranglement par la surréglementation empêchera[it] l'humanité d'atteindre Mars » (Tv6NE). Il a aussi compris qu'une administration américaine complaisante et corruptible l'aiderait à lever d'autres obstacles à son projet : la propagation du virus mental woke, la submersion migratoire, la sobriété énergétique

---

▶ @DimaZeniuk (30-10-2024)
L'une des principales raisons pour lesquelles Elon Musk est devenu plus actif en politique est son objectif d'atteindre Mars et d'y rendre la vie possible.

@elonmusk
C'est vrai. Je pense que la victoire de @realDonaldTrump fera une grande différence dans la capacité de l'humanité à atteindre Mars avec succès et à ce que la vie devienne multiplanétaire. Cela pourrait un jour sauver la vie telle que nous la connaissons.

ou la chute de la natalité aux États-Unis étaient autant de marottes qu'il partageait avec un Donald Trump en campagne.

L'occasion faisant le larron, il devenait clair que l'élection de Donald Trump était une chance unique d'accélérer la course de l'humanité vers la construction de l'équivalent martien de Terminus.

C'est donc à peine six mois avant l'échéance électorale, le jour de l'attentat raté contre Donald Trump, qu'Elon Musk a déclaré son soutien au candidat républicain (BlP0j), rapidement suivi d'un engagement de mettre sa fortune (5qHKy), son influence et sa personne au service de sa victoire électorale.

N'étant « ni de droite ni de gauche, conventionnellement parlant » (ARad9), il a logiquement utilisé des moyens non conventionnels, en commençant par l'ampleur de son soutien financier : 277 000 000 $!

Voix à vendre

Donald Trump avait envoyé un signal fort à ses supporters au début de sa campagne en annonçant son intention de gracier toutes les personnes qui croupissaient en prison pour avoir participé aux émeutes du 6 janvier 2021 au Capitole[93]. Y compris celles qui s'en étaient prises aux forces de l'ordre (rappelons que cette émeute fit au moins quatre morts[94]). En substance : si vous enfreignez la loi pour me faire élire, je vous protégerai de mon pardon présidentiel.

Message reçu cinq sur cinq par Elon Musk, qui reconnaissait dans une émission face à Tucker Carlson[95], commentateur phare de l'*alt-right* : « Si [Donald Trump] perd, je suis baisé ! [...] Combien de temps pensez-vous que je passerai en prison ? »

L'un des délits présumés le plus commentés fut tout simplement une suspicion d'achat de votes :

> @elonmusk (18-10-2024) (npmfg)
> Si vous êtes inscrit sur les listes électorales de Pennsylvanie, vous et la personne qui vous a recommandé recevrez 100 dollars pour avoir signé notre pétition en faveur de la liberté d'*expression et du droit de porter des armes.
> Gagnez de l'argent en soutenant quelque chose en quoi vous croyez déjà !
> Offre valable jusqu'à lundi minuit.

Elon Musk
@elonmusk

There is a million dollar giveaway every day through November 5th just for signing a petition in support of the Constitutional rights to free speech and bear arms!

> **DogeDesigner** @cb_doge · Oct 27, 2024
>
> 8 people, 8 days, $1 million each —courtesy of Elon Musk for their support of the First and Second Amendments!
>
> Everyday until the election, he is giving away a million dollar prize. All you have to do is sign a petition in support of the Constitution.

7:56 AM · Oct 27, 2024 · **29.3M** Views

12K · 21K · 129K · 2.6K

14siu

Ciblant les États clés, Elon Musk a non seulement promis de payer toute personne qui signerait une pétition soutenant les valeurs fondamentales mises en avant par la campagne de Donald Trump, mais il a également promis qu'un pétitionnaire serait tiré au sort chaque jour pour recevoir un million de dollars (14siu). De l'argent de poche pour l'homme le plus riche du monde mais une fortune pour le commun des mortels. Comble du comble, attaqué en justice pour achat de votes, ses avocats ont changé leur fusil d'épaule argumentant que le gagnant étant choisi à l'avance parmi des militants républicains en récompense de leur engagement, l'opération était donc légale. Cela a épargné à Musk une lourde condamnation mais lui a valu un second procès pour tromperie sur sa loterie[96].

Cette opération, bien qu'ayant marqué les esprits, n'était que la partie émergée de l'iceberg...

▶ @cb_doge (27-10-2024)
8 personnes, 8 jours, 1 million de dollars chacun – offert gracieusement par Elon Musk pour leur soutien au premier et deuxième amendements !
Chaque jour jusqu'à l'élection, il donne un prix d'un million de dollars. La seule chose à faire est de signer une pétition pour soutenir la Constitution.

@elonmusk
Un million de dollars sera offert chaque jour jusqu'au 5 novembre pour la signature d'une pétition en faveur des droits constitutionnels à la liberté d'*expression et au port d'armes !

Elon Musk @elonmusk

Vote for @realDonaldTrump or the Dems will legalize so many illegals in swing states that this will be the last real election in America.

@JoeRogan agrees.

From **Robby Starbuck**

3:28 AM · Nov 5, 2024 · **43.7M** Views

14K 95K 563K 16K

R89DB

@elonmusk (05-11-2024)
Votez pour @realDonaldTrump ou les démocrates légaliseront tellement de clandestins dans les États clés que ce sera la dernière vraie élection en Amérique. @JoeRogan est d'accord avec moi.

Désorienter les électeurs

La victoire de Donald Trump est bien sûr multifactorielle et il est difficile d'y estimer la contribution exacte du soutien d'Elon Musk. Le financement du porte-à-porte républicain à hauteur de 175 millions de dollars n'a certainement pas nuit à la cause[97]. Néanmoins, les actions qui ont eu le plus d'influence se placent probablement sur le plan de la manipulation de l'information.

Avec environ 23 % de la population adulte utilisant X en 2024 aux États-Unis, dont une majorité de sensibilité démocrate[98], Musk a pu combiner influence en ligne et actions hors ligne pour semer le doute et l'indignation à travers cet électorat. L'objectif assumé : à défaut de rallier les démocrates et les indécis à sa cause, qu'ils s'abstiennent. Pour y parvenir, Elon Musk, fidèle à ses habitudes, s'est appuyé sur son influence colossale sur X pour propager massivement de la désinformation. Cela a pris la forme de rumeurs infondées de fraude électorale impliquant les machines Dominion[99], du partage de fausses couvertures de magazine (1E21g) caricaturant les Démocrates[100], ou encore de la diffusion de vidéos truquées de Kamala Harris (*deepfakes*) destinées à la discréditer[101].

Un chiffre parle de lui-même : fort de ses 200 millions d'abonnés sur X, les publications politiques d'Elon Musk en faveur de Donald Trump ont cumulé plus de 17 milliards de vues[102] – soit plus du double de l'audience totale de l'ensemble des publicités politiques diffusées sur X pendant toute la campagne présidentielle 2024. De quoi façonner profondément l'opinion des utilisateurs et alimenter une hostilité persistante à l'égard de Kamala Harris.

De fait, on ne peut que constater l'ampleur préoccupante de l'abstention démocrate en 2024. Alors même que l'on aurait pu s'attendre à une mobilisation massive contre Donald Trump, notamment après le traumatisme du quasi-coup d'État du 6 janvier 2021, le parti démocrate a perdu près de 6,3 millions de voix par rapport à l'élection précédente. Pendant ce temps, Trump n'en gagnait que 3 millions. Plus de 3 millions d'électeurs démocrates se sont donc volatilisés.

Or, le vote populaire s'est joué à moins de 2,3 millions de voix (moins de 1 % des électeurs inscrits), un chiffre dérisoire au regard du nombre, plus de dix fois supérieur, d'électeurs exposés aux contenus politiques sur X. Dans ce contexte, il devient difficile de minimiser le rôle de cette stratégie de suppression d'électeurs sur le résultat du scrutin. Les abstentionnistes démocrates ont d'ailleurs souvent justifié leur démobilisation par leur désillusion croissante face à la radicalisation du débat public et à une politique perçue comme stérilement polarisée[103].

Mais d'autres initiatives financées par Elon Musk sont encore plus déroutantes...

C'est PAC si compliqué

« Elon Musk a financé le Super PAC* le plus cynique de l'élection de 2024 », titrait mi-octobre 2024 le *HuffPost*. Dans certains États clés des États-Unis, ses journalistes avaient découvert de drôles de campagnes de publicités ciblées sur Facebook, Snapchat et Instagram[104]. L'une d'elles visait les électeurs arabo-américains avec des messages affirmant le soutien de Kamala Harris à Israël alors que les électeurs de confession juive étaient ciblés avec des messages s'indignant de ses positions par trop propalestiniennes. Le ciblage publicitaire était effectué à partir de codes postaux de quartiers où ces populations étaient surreprésentées (6DVt2).

La démarche était particulièrement vicieuse. En plus de se faire passer pour une campagne de Kamala Harris (opération sous « faux drapeau »), certains messages semblaient avoir raté leur cible. Ainsi, une vidéo diffusée auprès des musulmans du Michigan expliquait d'un ton assuré et rassurant que Kamala Harris prendrait toujours le parti des Israéliens.

Ce double mensonge sur l'*identité de l'émetteur et de la cible permettait d'exploiter le fait que l'on croit plus facilement une information dont on a l'impression qu'elle a été découverte par hasard en dépit d'une intention manifeste de nous la cacher.

Jason Koebler
@jasonkoebler.bsky.social

An Elon Musk-funded PAC is microtargeting Muslim people in Michigan and Jewish people in Pennsylvania with opposite messaging about Kamala Harris using ZIP code targeting, according to data I pulled from Snapchat. Few things from this investigation:

www.404media.co/this-is-exac...

This Is Exactly How an Elon Musk-Funded PAC Is Microtargeting Muslims and Jews With Opposing Messages
The Future Coalition PAC is targeting according to ZIP code in highly specific ways.
www.404media.co

18 octobre 2024 à 18:29 · Tout le monde peut répondre · Traduire

854 reposts **116** citations **1,4 k** ont aimé

6DVt2

Quelle éthique et quelle moralité peut-on attribuer à des acteurs qui ont ainsi recours à de l'usurpation d'*identité et acceptent d'être incohérents pour s'adapter aux peurs des électeurs ?

Cette campagne fut loin d'être isolée. Il n'y eut aucune limite dans l'ampleur du mensonge et la précision du ciblage qui croisait plusieurs catégories socio-démographiques. Par exemple, les électeurs 1) afro-américains 2) de Caroline du Nord 3) qui fumaient des cigarettes au menthol ont été alertés que les démocrates avaient le projet de les interdire ; tandis que les 1) hommes 2) blancs 3) de la classe ouvrière 4) du Midwest ont été portés à croire que Kamala Harris soutiendrait les quotas pour les minorités et leur refuserait les sachets de nicotine Zyn[105]. Tout cela était faux, mais la vérité dans ces campagnes était vraiment subsidiaire.

Notons au passage que des groupes a priori proches de l'extrême droite et du Kremlin avaient déjà instrumentalisé

▶ @jasonkoebler. bsky. social (18-10-2024)
Un PAC financé par Elon Musk cible les musulmans du Michigan et les juifs de Pennsylvanie avec des messages opposés sur Kamala Harris en utilisant le ciblage par code ZIP, selon des données que j'ai extraites de Snapchat. Quelques éléments de cette enquête : https://www.404media.co.

[N.d.A.] Les *PAC, ou Political Action Committee, sont des organisations qui collectent des fonds pour les candidats et mènent des campagnes de soutien. Une décision de 2010 de la Cour suprême des États-Unis appelée *Citizens United v. Federal Election Commission* a bouleversé le mode de financement de la politique en levant les restrictions sur le financement des élections[106]. Les États-Unis ont depuis la particularité que les donations aux partis politiques ou à leurs soutiens ne sont pas encadrées et peuvent donc atteindre des sommes arbitrairement élevées, donnant une influence démesurée aux ultrariches.
La publicité ciblée (ou personnalisée) est une technique publicitaire qui vise à identifier les personnes individuellement afin de leur diffuser des messages publicitaires spécifiques en fonction de caractéristiques individuelles. Celles-ci peuvent être inférées à partir des données captées par un réseau social (voir *Toxic Data*, *op. cit.*, chap. 7).

d'une manière assez similaire le conflit israélo-palestinien pour tenter de faire gagner l'extrême droite en France lors des élections législatives et européennes de 2024[107]. L'instrumentalisation du conflit israélo-palestinien est donc devenue un grand classique de la manipulation d'opinion.

Ce n'est d'ailleurs pas le seul exemple de stratégie empruntée aux pratiques de désinformation de Vladimir Poutine...

Usurpation d'*identité

Dans les dernières semaines de la campagne présidentielle de 2024, des électeurs américains ont commencé à recevoir des courriels et SMS[108] les invitant à découvrir « Progress2028 » (n5X0q), le programme de Kamala Harris. Le nom du site reprenait délibérément les codes de celui du programme non officiel de Donald Trump, « Project2025 », suggérant qu'il en constituait le pendant progressiste. En sept points synthétiques, le site exposait les priorités de la candidate démocrate pour « construire une base durable de changement progressiste qui nous portera jusqu'en 2028 ».

Mais ce site était en réalité une contrefaçon produite par Building America's Future, une obscure compagnie dont le *New York Times* a révélé qu'elle était financée à hauteur de cent millions de dollars par Elon Musk. Sa mission : soutenir le programme de Donald Trump et détourner les électeurs de Kamala Harris[109].

L'usurpation d'*identité était particulièrement perverse. Les sept points de la page Progress2028 reprenaient les thèmes prioritaires de la campagne de Kamala Harris en y ajoutant de fausses mesures. Celles-ci étaient pensées pour être rédhibitoires pour différents segments de son électorat ou pour légitimer les attaques *politiques de Donald Trump : renforcement des droits des *immigrés sans papier, réduction des peines pour les criminels *racisés

aBNdD

@WinterBlues1104 (12-10-2024)
Toujours furieux que @VP envoie ce texte aux habitants de @Dawsonville au sujet de l'attribution de logements abordables aux clandestins.
Où sont nos dirigeants sur ce sujet ? https://progress2028.com. Nous ne voulons pas de cela dans le comté de Dawson. J'ai vu ce que cela a donné à Forsyth et ce n'était pas bon.

[N.d.A.] Le compte Progress2028 (THqPC) diffusait sur X des contenus trompeurs sur la campagne et le programme de Kamala Harris. Son nombre d'abonnés (36) semble indiquer qu'il n'a trompé personne. @VP désigne le compte du vice-président des États-Unis, fonction alors occupée par Kamala Harris.

ou encouragement à la transition sexuelle chez les mineurs *LGB-TQIA en veillant à ce que « chaque jeune [*LGBTQIA] ait accès aux soins dont il a besoin, sans craindre la discrimination ou l'intervention des parents ».

Sur X, le compte Progress2028 (THqPC) diffusait des informations trompeuses (acFCM) illustrant les conséquences des fausses mesures tandis que des comptes républicains en pointaient les dérives (QkfFn, Mt593).

Spam SMS, courriels, faux site Internet, faux comptes sur les réseaux sociaux et relais inauthentiques, voilà un type de campagne multicanaux que l'on a déjà vu quelque part...

Progress 2028
@Progress2028

Did you see the news? The Biden-Harris DOJ successfully challenged Virginia's 'non-citizen' voter removal program and won! This ensures that no undocumented immigrant is unjustly stripped from voter rolls. Read more ⬇️

From nbcnews.com

Last edited 2:06 PM · Oct 28, 2024 · **539** Views

13 2 2 1

acFCM

@Progress2028 (28-10-2024)
Avez-vous lu les nouvelles ? Le ministère de la Justice de Biden-Harris a contesté avec succès le programme de radiation des électeurs « non citoyens » de Virginie et a gagné ! Cela permet de s'assurer qu'aucun immigrant sans papiers n'est injustement radié des listes électorales.

[N.d.A.] Tweet du faux compte de campagne de Kamala Harris sur Twitter-X présentant une actualité de façon trompeuse. Ce ne sont pas les Démocrates qui voulaient faire voter des étrangers en situation irrégulière mais l'État républicain de Virginie qui s'apprêtait à radier illégalement des citoyens américains des listes électorales.

Ruse russe

Ce qui se passe sur Twitter-X touche une population beaucoup plus large que les utilisateurs de ce réseau social. La campagne de désinformation Progress2028 en est une bonne illustration.

Le recours aux SMS (aBNdD) et courriels ciblés a permis de toucher les électeurs bien au-delà des seuls utilisateurs de X et il est probable que les données de ces derniers aient été exploitées à cette fin.

Comme beaucoup de réseaux sociaux, X incite ses nouveaux utilisateurs à importer leur carnet d'adresses, stockant ainsi pendant des mois les données personnelles de beaucoup plus d'Américains que sa centaine de millions d'utilisateurs.

Les utilisateurs de Twitter-X n'ont pas de secret pour le réseau social. L'analyse de leurs messages et de leurs interactions permet d'inférer très précisément leurs opinions *politiques, leurs orientations sexuelles ou religieuses, leurs espoirs et leurs peurs[110]. Ces informations peuvent ensuite être propagées aux personnes présentes dans les carnets d'adresses d'utilisateurs pour les caractériser en retour et constituer ce qu'on appelle des « profils fantômes[111] ». Ces profils peuvent ensuite être utilisés pour envoyer des messages *ad hoc* à des citoyens qui ne sont pas sur la plateforme.

Le statut légal de l'usage de telles informations pour des campagnes de démarchage reste flou et rien ne prouve que Twitter-X y ait eu recours. La possibilité est néanmoins présente.

Sans surprise, le site Progress2028 comportait lui-même plusieurs cookies (knygN) permettant, selon les termes même de sa politique de confidentialité (Mr7ae), de collecter des informations personnelles et d'ordre politique sur ses visiteurs afin de « faciliter la communication *politique » et le « marketing ». Tromper les électeurs tout en s'accaparant leurs données. Et d'une pierre deux coups !

Cette stratégie multicanaux de manipulation de l'opinion via des contrefaçons fait furieusement penser aux stratégies déployées par le Kremlin dans sa guerre hybride contre les démocraties, en particulier la campagne RRN (Reliable Recent News ou Actualités récentes et fiables) dénoncée par la France en 2023[112]. Celle-ci articulait : « 1. diffusion de contenus pro-russes ; 2. usurpation de l'identité de sites de médias, mais aussi gouvernementaux, européens ; 3. création de sites web d'actualités partageant des contenus polémiques et 4. relais de contenus via des faux sites Internet ou des faux comptes sur les réseaux sociaux. »

Du Musk tout craché ! Elon aurait-il des influences russes ?

Elon Musk @elonmusk · Oct 17, 2022
Replying to @starrski71 @RenataKonkoly and 2 others
Wrong analogy. America also had a humiliating withdrawal from Afghanistan. No one in America sees that country as part of America.

Crimea *is* seen as a crucial part of **Russia** by **Russia**, much as Hawaii is seen as a crucial part of America.

1.7K 847 7.5K

Elon Musk @elonmusk · Oct 17, 2022
Replying to @RenataKonkoly @EvaFoxU and @spideycyp_155
Russia has been punched in the nose and forced to retreat many times by Ukraine.

But what you don't want to do is give **Russia** a choice of total, humiliating defeat or nukes – then the probability of them using nukes is high.

580 254 3K

Elon Musk @elonmusk · Oct 17, 2022
Replying to @elonmusk and @spideycyp_155
But, hey, look on the bright side! At least **Russia** doesn't get Crimea in that scenario, so you can be comforted by that thought, while watching the mushroom clouds rise.

1K 948 10K

Elon Musk @elonmusk · Oct 17, 2022
If **Russia** faces destruction of their army and utter defeat by NATO, they will use nukes, then NATO will respond with nukes and civilization is over

3.7K 1.5K 8.7K

Elon Musk @elonmusk · Oct 17, 2022
Replying to @elonmusk and @spideycyp_155
Whether one likes it or not, Crimea is absolutely seen as a core part of **Russia** by **Russia**.

Crimea is also of critical national security importance to **Russia**, as it is their southern navy base.

From their standpoint losing Crimea is like USA losing Hawaii & Pearl Harbor.

7.8K 3.5K 14K

RUSSIE
RUSSIA

Elon Musk
@elonmusk

Ukraine-Russia Peace:

- Redo elections of annexed regions under UN supervision. Russia leaves if that is will of the people.

- Crimea formally part of Russia, as it has been since 1783 (until Khrushchev's mistake).

- Water supply to Crimea assured.

- Ukraine remains neutral.

Yes	40.9%
No	**59.1%**

2,748,378 votes · Final results

6:15 PM · Oct 3, 2022

102K 41K 91K 3K

Elon Musk @elonmusk · Oct 3, 2022
This is highly likely to be the outcome in the end – just a question of how many die before then

8.7K 4.9K 79K

Elon Musk @elonmusk · Oct 3, 2022
Also worth noting that a possible, albeit unlikely, outcome from this conflict is nuclear war

9.9K 4.9K 67K

Kegzr, KOdVp, OF8TP

L'« erreur de Khrouchtchev »

L'intérêt d'Elon Musk pour la conquête spatiale l'a conduit à interagir à au moins deux reprises avec des acteurs proches de Moscou : en 2002, lorsqu'il tenta d'acheter sa première fusée auprès des Russes[113], puis en 2004, lorsque Dana Rohrabacher – surnommé le « membre du Congrès favori de la Russie[114] » – joua un rôle clé dans l'adoption du *Commercial Space Act*, une loi ouvrant le secteur spatial aux entreprises privées comme SpaceX (3fYc2).

Rien n'indique toutefois que ces liens aient été plus étroits ou durables. Fidèle à sa philosophie libertarienne, Elon Musk s'était

---

▶ @elonmusk (03-10-2022)
Paix entre l'Ukraine et la Russie :
- Refaire les élections dans les régions annexées sous la supervision de l'ONU. La Russie quitte le pays si c'est la volonté de la population.
- La Crimée fait officiellement partie de la Russie, comme c'est le cas depuis 1783 (jusqu'à l'erreur de Khrouchtchev).
- L'approvisionnement en eau de la Crimée est assuré.
- L'Ukraine reste neutre.

@elonmusk
Il est très probable que ce soit l'issue finale – la seule question est de savoir combien de personnes mourront d'ici là.

@elonmusk
Il convient également de noter qu'une issue possible, bien que peu probable, de ce conflit est la guerre nucléaire.

[N.d.A.] L'*expression « erreur de Khrouchtchev » est une *expression typique des éléments de langage de l'Union soviétique.

peu aventuré sur le terrain géopolitique jusqu'au déclenchement de la guerre en Ukraine en 2022.

La situation a changé radicalement avec l'agression de l'Ukraine par la Russie. Deux jours à peine après le début de l'invasion, le 26 février 2022, Elon Musk envoyait des terminaux Starlink aux Ukrainiens et y activait son réseau de satellites (8iswo). Ces équipements sont rapidement devenus un atout militaire indispensable face aux Russes dans un pays aux infrastructures dévastées, un soutien assumé avec enthousiasme par Elon Musk (W79jU).

C'est donc à la surprise générale, le 3 octobre 2022, alors qu'il était en pleines tractations pour le rachat de Twitter, qu'il a soudain proposé un plan de paix pour l'Ukraine (Kegzr). Quelle mouche l'avait donc piqué ?

Une *expression utilisée par Elon Musk dans sa proposition met la puce à l'oreille : il préconise d'entériner l'appartenance de la Crimée à la Russie au nom d'une continuité historique rompue par « l'erreur de Khrouchtchev[115] ». Or cette *expression est propre aux nostalgiques de l'empire soviétique en Russie. Elon Musk se serait-il fait retourner par le Kremlin ?

D'après Tomas Schuman, ancien du KGB passé à l'Ouest en 1970, la doctrine soviétique en termes d'ingérences étrangères était de combiner un « processus à court terme de subversion de personnalités clés dans des pays étrangers [...] à un processus à long terme, mais plus efficace et irréversible, consistant à modifier la perception de la réalité dans l'esprit de millions d'électeurs des sociétés pluralistes[116] ». Vue sous cet angle, la subversion d'Elon Musk au moment où il allait acquérir Twitter promettait de faire d'une pierre quatre coups : s'allier avec l'homme le plus riche du monde et accéder à un influenceur de stature mondiale, à l'une des plus puissantes machines à manipuler l'opinion et avoir une influence sur l'usage de Starlink, épine dans le pied de la Russie dans sa guerre.

Quels arguments Moscou allait-il bien pouvoir utiliser pour obtenir une emprise sur celui qui avait déjà tout ?

Eva Karene Bartlett @EvaKBartlett · Oct 14, 2022

Musk added to Ukraine's Myrotvorets kill list (which includes 327 children!)

I've been speaking & writing about this list for years, after being placed on it in 2019, but now that Musk is on it, after Roger Waters & others, perhaps the "peacemaker" list might itself be killed...

Илон Рив Маск / Ілон Рів Маск / Elon Reeve Musk

Дата рождения: 28.06.1971
Страна:США

Покушение на территориальную целостность Украины.

Участие в попытках легализации аннексии Крыма россией.

Дата рождения: 28.06.1971

Американский предприниматель, миллиардер 14.10.2022 компания Илона Маска SpaceX отказалась оплачивать услуги спутниковой связи Starlink для Украины, тем самым нанесла удар по критической инфраструктуре страны. Также Илон Маск неоднократно содействовал российской пропаганде, например, публикуя «план урегулирования конфликта», в котором призывал признать Крым российским

Центр «Миротворец» просит правоохранительные органы рассматривать данную публикацию на сайте как заявление о совершении этим гражданином осознанных деяний против национальной безопасности Украины, мира, безопасности человечества и международного правопорядка, а также иных правонарушений.

14.10.2022 10:36 SBU — Поскаржитись

1.1K 5.3K 12K

Elon Musk @elonmusk · Oct 14, 2022

Is this list real? What's the URL?

2.7K 1.8K 12K

Eva FoX Claudius Nero's Legion
@EvaFoxU

There is no URL because you are not on this list. It is obvious that someone is inciting hatred between you and the Ukrainians.

11:08 PM · Oct 14, 2022

69 21 812 3

5SUHH, Jv273

Trafic d'influences

Le plan de paix d'Elon Musk pour l'Ukraine reprenait tous les éléments de langage de la propagande du Kremlin. Étant donné l'absence de la géopolitique dans ses précédentes prises de parole, on peut raisonnablement soupçonner une influence directe de Moscou.

C'est précisément à l'automne 2022 que l'on trouve trace sur Twitter d'interactions entre Musk et des relais de la propagande du Kremlin. Pour frayer leur chemin au milieu de ses 120 millions d'abonnés, trois angles d'attaque : la technologie, la flatterie et la peur.

Ainsi, le 14 octobre 2022, la journaliste « indépendante » canadienne Eva Karene Bartlett interpelle @elonmusk sur Twitter par

---

▶ @EvaKBartlett (14-10-2022)
Musk ajouté à la liste Myrotvorets des personnes à assassiner selon l'Ukraine (qui comprend 327 enfants !)
Je parle et j'écris à propos de cette liste depuis des années, après y avoir été placée en 2019, mais maintenant que Musk y figure, après Roger Waters et d'autres, peut-être que la liste des « artisans de la paix » pourrait elle-même être tuée...

@elonmusk
Cette liste est-elle réelle ? Quelle est l'URL ?

@EvaFoxU
Il n'y a pas d'URL car vous ne figurez pas sur cette liste. Il est évident que quelqu'un incite à la haine entre vous et les Ukrainiens.

[N.d.A.] @EvaFoxU est une influenceuse sur X qui interagit régulièrement avec @elonmusk contrairement à @EvaKBartlett dont c'était la première interaction jusqu'à preuve du contraire.

un « Musk ajouté à la liste Myrotvorets des personnes à assassiner selon l'Ukraine (qui comprend 327 enfants !). » Plus c'est gros, plus ça passe. Ne se demandant pas pourquoi l'Ukraine pourrait vouloir mettre des enfants sur une *kill list*, Elon Musk mord à l'hameçon et demande l'URL.

Mais Bartlett n'est pas n'importe qui. Propagandiste du Kremlin[117] installée à Moscou, elle travaille régulièrement pour la chaîne d'État *Russia Today* et désinforme à tout va sur la situation en Ukraine. Elle est également une propagandiste du régime syrien de Bachar el-Assad, allié de Vladimir Poutine. Rapidement, d'autres personnes entrent dans la danse, comme Kevork Almassian (NzDir, pRnDK), propagandiste syrien ayant usurpé le statut de réfugié en Allemagne et proche du parti d'extrême droite AfD, ou André Hopley, « diseur de vérité » (0LYqU) relayant régulièrement la propagande du Kremlin sur la guerre en Ukraine (YnVla, JNQmB). Difficile de dire si cette mobilisation était coordonnée, mais il est toujours plus convaincant de recevoir des confirmations de sources apparemment distinctes, un phénomène appelé *biais de répétition[118].

Cet élan de sollicitude a été brisé par l'influenceuse @EvaFoxU qui mit en garde Elon Musk contre ce qu'elle qualifiait d'« incitation à la haine » envers les Ukrainiens (g5Ijv). Ce dernier conclura la discussion en saluant Eva Karene Bartlett d'un simple « préoccupant » (Jn3pR).

Mais le Kremlin ne met jamais tous ses œufs dans le même panier…

Rien de tel que les cryptos !

C'est également à l'automne 2022 que Mario Nawfal, autre influenceur pro-Kremlin (NMvpn, tWaI6) se présentant comme « journaliste citoyen » (GfVGF), arrive à attirer l'attention d'Elon Musk après l'avoir invité dans un *space*[119] sur les cryptomonnaies et avoir vanté le journalisme citoyen sur Twitter.

L'approche par les hobbies de Musk semble plus favorable que l'approche par la peur d'Eva Karene Bartlett et la mayonnaise prend. Elon Musk échangera des dizaines de fois avec @MarioNawfal sur des thèmes aussi divers que la bonne volonté de Vladimir Poutine vis-à-vis du cessez-le-feu en Ukraine (2xuQ1), la supériorité de X sur les médias traditionnels (qmsQf) ou son thème favori, le destin multiplanétaire de l'humanité (UxTdR).

Il y a un continuum entre les « idiots utiles » du Kremlin et les agents de Moscou, en passant par des prestataires payés à la tâche. Même s'il est difficile de faire la part des choses, toujours est-il qu'il y eut probablement de nombreuses tentatives d'approches d'Elon Musk par des comptes au minimum acquis à la cause du Kremlin.

Étant donné ce que l'on sait de l'algorithmique de Twitter-X, ces types d'interactions et d'échanges répétés sont fondamentaux pour aboutir progressivement à l'encerclement cognitif d'un individu. Car les propagandistes du Kremlin forment des communautés

Mario Nawfal @MarioNawfal · Nov 13, 2022

We just made history. We turned one of the worst events in crypto into a time where we all came together

Despite threats
Despite 30/40 hrs no sleep
Despite whistle blower intimidations

Crypto citizen journalism made it's mark before any press

Thanks @elonmusk for dropping by

971 2.7K 20K

Elon Musk
@elonmusk

Twitter at its best!

1:25 AM · Nov 13, 2022

1.4K 1.9K 30K 60

GfVGF, SLROZ

très connectées et très actives de comptes qui se relaient les uns les autres. Être connecté à certains d'entre eux, c'est s'exposer par contagion algorithmique aux tweets de l'ensemble de leur chambre d'écho, qui peupleront une part significative des messages hors abonnement de votre fil d'actualité. Petit à petit, vous tombez dans le *rabbit hole*.

Ces hameçonnages sur les réseaux ne constituaient cependant qu'un moteur d'appoint à la conversion d'Elon Musk aux vues du Kremlin. Pour un VIP de ce calibre, Moscou se devait de mobiliser un maître espion capable de s'infiltrer dans les failles psychologiques les plus profondes.

▶ @MarioNawfal (13-11-2022)
Nous venons d'entrer dans l'histoire. Nous avons transformé l'un des pires événements de la cryptographie en un moment rassembleur. Malgré les menaces. Malgré 30/40 heures sans sommeil. Malgré les intimidations des délateurs. Le journalisme citoyen crypto a posé son empreinte avant toute presse. Merci @elonmusk d'être passé.

@elonmusk
Le meilleur de Twitter !

[N.d.A.] Premier tweet d'une longue série d'échanges entre @elonmusk et @MarioNawfal, relais très actif de la propagande du Kremlin.

Elon Musk @elonmusk · Oct 17, 2022

Exceptionally well-said

> **David Sacks** @DavidSacks · Oct 5, 2022
>
> My latest op-ed for Newsweek:
>
> Neocons and the Woke Left Are Joining Hands and Leading Us to Woke War III
>
> ...
>
> Show more

8.1K · 7.8K · 53K

This Post is from a suspended account. Learn more

Elon Musk @elonmusk · Oct 17, 2022

If Russia is faced with the choice of losing Crimea or using battlefield nukes, they will choose the latter.

We've already sanctioned/cutoff Russia in every possible way, so what more do they have left to lose?

If we nuke Russia back, they will nuke us and then we have WW3.

6.6K · 3.8K · 17K

Elon Musk @elonmusk · Oct 17, 2022

Whether one likes it or not, Crimea is absolutely seen as a core part of Russia by Russia.

Crimea is also of critical national security importance to Russia, as it is their southern navy base.

From their standpoint losing Crimea is like USA losing Hawaii & Pearl Harbor.

7.8K · 3.5K · 14K

This Post was deleted by the Post author. Learn more

Elon Musk
@elonmusk

If Russia faces destruction of their army and utter defeat by NATO, they will use nukes, then NATO will respond with nukes and civilization is over

3:25 PM · Oct 17, 2022

3.7K · 1.5K · 8.7K · 106

MirlW, ZAPM5, 8Cs1h, JkHwL, vW6BG

« Woke War III »

Pour Elon Musk, l'automne 2022 marque l'adoption des éléments de langage du Kremlin sur l'Ukraine, la Crimée (aB3fT, 8Cs1h) et la guerre ; mais aussi le retour en force d'un *risque existentiel : une guerre nucléaire mondiale qui exterminerait

---

▶ @DavidSacks (05-10-2022)
Mon dernier article d'opinion pour *Newsweek* : Les néoconservateurs et la gauche woke se donnent la main pour nous mener à la « Woke War III » [troisième guerre woke]

@elonmusk (17-10-2022)
Très bien dit

@elonmusk
Si la Russie doit choisir entre perdre la Crimée ou utiliser des armes nucléaires sur le champ de bataille, elle choisira la seconde option.
Nous avons déjà sanctionné la Russie de toutes les manières possibles, alors qu'a-t-elle encore à perdre ?
Si nous bombardons la Russie, elle nous bombardera en retour et nous aurons alors une troisième guerre mondiale.

@elonmusk
Qu'on le veuille ou non, la Crimée est définitivement considérée comme une partie essentielle de la Russie par la Russie.
La Crimée revêt également une importance cruciale pour la sécurité nationale de la Russie, puisqu'il s'agit de sa base navale méridionale.
De leur point de vue, perdre la Crimée, c'est comme si les États-Unis perdaient Hawaï et Pearl Harbor.

@elonmusk
Si la Russie est confrontée à la destruction de son armée et à une défaite totale de la part de l'OTAN, elle utilisera ses armes nucléaires, puis l'OTAN répondra par des armes nucléaires et ce sera la fin de la civilisation.

[N.d.A.] Elon Musk est conquis dans cet échange par le jeu de mots entre « World War III » (troisième guerre mondiale) et « Woke War III » (troisième guerre woke) qui ont le même acronyme.

l'humanité avant qu'elle n'ait pu devenir multiplanétaire (Ee5lA, 2C1aT). Qui donc aurait mieux pu appuyer sur cette corde sensible qu'un dirigeant ayant le doigt sur le bouton nucléaire ?

Vladimir Poutine, ancien chef du KGB, est connu pour obtenir l'ascendant sur ses interlocuteurs en usant de pressions psychologiques. En 2007, sachant qu'Angela Merkel avait la phobie des chiens, il avait par exemple fait entrer son labrador en pleins pourparlers internationaux. Le chien avait reniflé la présidente allemande terrorisée avant de s'asseoir à ses pieds[120].

En cette fin d'année 2022, il semblerait que Vladimir Poutine ait trouvé le point faible d'Elon Musk pour lui faire passer ses messages (voir chap. « M.A.D. ») : s'il veut sauver l'humanité, mieux vaut ne pas se mettre en travers de son chemin en cédant aux sirènes wokes avant d'avoir une planète B.

La première conséquence tangible de cette stratégie d'intimidation fut probablement l'échec de l'attaque ukrainienne contre la base navale russe de Sébastopol le 17 septembre 2022. L'anecdote a été révélée en 2023 par le biographe d'Elon Musk, Walter Isaacson. Les Ukrainiens avaient fabriqué des bateaux-drones destinés à couler la flotte russe de la mer *Noire. À la surprise de l'état-major ukrainien, alors que les drones approchaient de leur cible, le signal satellite Starlink permettant de les guider fut soudainement perdu et les douze engins dérivèrent en mer[121]. On ignore si Elon Musk a volontairement désactivé Starlink dans la zone ou si, comme il le soutient, il s'est contenté de refuser son activation à la demande des Ukrainiens. Il a néanmoins déclaré qu'il ne pouvait fournir l'accès à Internet dans cette région car alors SpaceX serait explicitement devenue « complice d'un acte de guerre majeur et d'une escalade du conflit ». La guerre psychologique est parfois plus efficace que les bombes...

En quoi l'attaque contre Sébastopol visant à arrêter le pilonnage du territoire ukrainien par la flotte russe serait-elle plus assimilable à un « Pearl Harbor » qu'à un acte défensif ? On ne peut répondre à cette question sans l'interpréter dans le cadre de la stratégie nucléaire de la Russie et des États-Unis, qui porte un acronyme à rendre fou : MAD.

Elon Musk @elonmusk

Every bleeding-heart liberal I talk to about the Russia-Ukraine war wants to keep feeding bodies into the meat grinder forever.

They have no plan for success.

Superficial empathy, not real empathy.

10:54 PM · Feb 21, 2025 · **41.7M** Views

29K 45K 328K 7.2K

60X5U

@elonmusk (21-02-2025)
Tous les libéraux au grand cœur à qui je parle de la guerre entre la Russie et l'Ukraine veulent continuer pour toujours à alimenter le hachoir à viande avec des corps humains.
Ils n'ont aucun plan pour réussir.
C'est de l'empathie superficielle, pas de la vraie empathie.

[N.d.A.] Depuis le début de la guerre, la propagande du Kremlin tente de faire passer les soutiens de l'Ukraine pour des pays intéressés uniquement par l'affaiblissement du régime de Poutine. L'Occident est accusé d'utiliser les Ukrainiens comme chair à canon, sans aucun égard, quitte à ce qu'ils « se battent jusqu'au dernier », alors que Moscou envoie régulièrement au front ses soldats sans préparation ni même parfois de munitions, comme s'en était plaint le chef de la milice Wagner[122]. Comble du cynisme, une branche locale du parti de Vladimir Poutine a offert en mars 2025 des hachoirs à viande aux mères de soldats tués en Ukraine dans le cadre de la Journée internationale des droits des femmes avec ce commentaire : « Chères mères, pour la force morale et l'amour que vous avez investis dans l'éducation de vos enfants[123]. »
Toutes les ruses sont permises pour rendre crédible ce narratif. Ainsi les humoristes russes Vovan et Lexus ont réussi à piéger l'ancien président français François Hollande lors d'une visioconférence en se faisant passer pour Zelensky. Leur but était de faire dire à Hollande que l'Europe souhaitait que les Ukrainiens « se battent jusqu'au dernier », ainsi qu'un certain nombre d'autres éléments de langage de la propagande du Kremlin. Les extraits vidéo ont été ensuite immédiatement repris sur les réseaux sociaux pour confirmer les théories du Kremlin. À l'époque, Elon Musk avait réagi en demandant si l'interview était « vraie[124] »

M.A.D.

Les déclarations d'Elon Musk à partir de l'automne 2022, notamment les mises en garde à propos d'une guerre nucléaire mondiale, résonnent étrangement comme l'écho d'avertissements qu'il aurait lui-même reçus. Elles reprennent une rhétorique typique de Vladimir Poutine, qui menaçait implicitement l'OTAN de représailles nucléaires en cas d'ingérence dans sa guerre, menaces qu'il a rendues très explicites en septembre 2024, quelques semaines avant la présidentielle américaine[125].

Les États-Unis et la Russie adhèrent à la doctrine dite de la « destruction mutuelle assurée » (MAD) qui postule que l'utilisation à grande échelle d'armes nucléaires par un attaquant contre un défenseur doté d'armes nucléaires et de capacités de seconde frappe entraînerait l'anéantissement de l'attaquant et du défenseur.

MAD repose sur la théorie de la dissuasion rationnelle, selon laquelle la menace d'utiliser des armes puissantes contre l'ennemi empêche l'ennemi d'utiliser ces mêmes armes. Une fois l'attaque lancée, tout est perdu. L'unique marge de manœuvre réside donc dans la capacité à faire croire à l'autre que l'on est prêt à frapper le premier – et à exploiter cette menace pour peser sur les rapports de force[126].

Dans l'affrontement entre puissances dotées de l'arme nucléaire, la pression psychologique constitue donc la première arme.

Comme le révéla le *Wall Street Journal*[127] en 2024, Musk a été en « contact régulier avec le président russe Vladimir Poutine depuis fin 2022 ». C'est donc le maître du Kremlin en personne qui a indiqué à Elon Musk les lignes rouges à ne pas franchir et lui a fait comprendre où étaient ses intérêts et les intérêts à long terme de l'humanité. Une discussion qui a certainement résonné avec les menaces dont lui et ses infrastructures avaient fait l'objet à l'occasion de ses prises de position au début de la guerre en Ukraine (m7bNQ).

Elon Musk a l'air d'avoir été une proie facile pour le maître espion tant la conversion de l'entrepreneur à la cause du Kremlin a été spectaculaire...

Le mégaphone de Poutine

> « Je pense que rien ne peut arrêter Elon Musk. Il fera ce qu'il veut. Néanmoins, vous devrez trouver un terrain d'entente avec lui. Cherchez à le persuader. Je pense que c'est une personne intelligente. Je le crois sincèrement. Vous devrez donc parvenir à un accord avec lui, car ce processus doit être formalisé et soumis à certaines règles. »
> (Vladimir Poutine, TCN[128], HsTav)

De toute évidence, Vladimir Poutine a su habilement manier la carotte et le bâton de manière à imposer ses règles à l'enfant prodige. Car Elon Musk ne s'est pas contenté d'arrêter de défendre l'Ukraine contre son envahisseur, il est également devenu l'un des porte-voix les plus influents de la propagande du Kremlin[129]. Ainsi par exemple le 2 octobre 2022, il relayait sur X un mème moquant la dépendance de Zelensky vis-à-vis de l'aide étrangère pour protéger son pays (14XVl). Bilan : 95 millions de vues. Ce mème s'avérera par la suite provenir directement d'une ferme à trolls du Kremlin.

La chaîne NBC News a également recensé en septembre 2024 au moins soixante interactions entre Elon Musk et Tenet Media, pseudo-chaîne d'information en ligne (voir par exemple les tweets p. 162, d415l et vSwD4). Celle-ci s'est révélée être une opération du Kremlin financée à hauteur de 10 millions de dollars pour influencer l'élection américaine de 2024[130] !

Elon Musk
@elonmusk

1:45 AM · Oct 2, 2023 · **95.2M** Views

53K 84K 815K 7.2K

I4XVI

Протокол НУ 061023

Диана Панченко – учитывать. В дашборде. Научить ее маркировать сообщения в отчетах. Связаться с Алексеем клещевым.

Мем Маска – сделан Софией. Фейк.

L'algorithmique de Twitter-X étant ajusté pour amplifier tout ce que touche Elon Musk (voir la partie « Twitter »), Elon Musk rend un service inestimable à Vladimir Poutine à chaque fois qu'il interagit avec des contenus de propagande.

Difficile néanmoins de dire si Elon Musk agit en stratège ou simplement en « idiot utile » du Kremlin. Nous pouvons simplement constater qu'il n'a pas cherché à éradiquer la désinformation russe sur X. C'est même peut-être tout le contraire...

Selon le *Wall Street Journal*, Musk aurait échangé avec plusieurs hauts dignitaires du régime de Poutine, dont Sergueï Kirienko, architecte des opérations de subversion de type RRN particulièrement virulentes sur son réseau social (voir chap. « Ruse russe »). A-t-il eu l'idée de s'en plaindre ?

Si c'est le cas, Kirienko ne s'est manifestement pas engagé à grand-chose, la propagande du Kremlin étant toujours très active[131]. En revanche, Elon Musk a pu en profiter pour obtenir des tuyaux sur les méthodes de Kirienko qu'il a ensuite appliquées pour influencer l'élection présidentielle de 2024 (voir chap. « Ruse russe »).

▶ @elonmusk (02-10-2024)
Quand cela fait 5 minutes que tu n'as pas réclamé un milliard de dollars d'aides.

[N.d.A.] Ce mème, qui a récolté 95 millions de vues, est une image générée par intelligence artificielle (*deep fake*) pour discréditer le président ukrainien. Elle a été fabriquée par l'une des fermes à troll du Kremlin. Cela a été révélé par les « DSA Leaks », fuites de documents internes de l'agence de manipulation d'opinion russe Social Design Agency. Le passage récapitulant l'impact de ce mème est reproduit sous l'image ci-contre. On peut y lire :
« Protocole HY 061023
Diana Pantchenko – prendre en compte. Dans le Dashboard. Lui apprendre à marquer les messages dans les comptes rendus. Prendre contact avec Alexeï Klechev.
Même de Musk – fait par Sophia. Fake. »
Le fait d'être relayé par Elon Musk est un succès phénoménal pour Sophia.
Notons au passage la mention de Diana Pantchenko (@Panchenko_X), journaliste ukrainienne et influenceuse sur X, connue pour ses positions favorables à la Russie. D'après ce document, elle recevrait des ordres du Kremlin[132].

TENET Media @watchTENETnow · Apr 6, 2024

PIPELINE WARS (2024) | @Lauren_Southern Official Documentary

Exposing eco-terrorism and the dark money funding it.

0:00 - Introduction
4:31 - The Permanent Antifa Camp
7:25 - Wet'suwet'en Elder Shirley Wilson
12:58 - Who Are The Protesters Really?
18:46 - Following
Show more

90 · 644 · 1.6K · 504K

Elon Musk
@elonmusk

9:02 PM · Apr 6, 2024 · **86.1K** Views

97 · 75 · 840 · 30

d415l, vSwD4

Trouple moscovite

Il n'est pas nécessaire de faire l'hypothèse d'une collusion entre Elon Musk et Vladimir Poutine pour comprendre que leur alignement d'intérêts, auquel le président russe a activement œuvré, a rendu possible l'impensable : l'élection d'un criminel et délinquant sexuel condamné par la justice à la tête de la première puissance nucléaire mondiale.

Côté Kremlin, l'objectif de faire élire Donald Trump par tous les moyens avait été révélé par les « Kremlin leaks », ce compte rendu d'une réunion préparatoire à l'ingérence du Kremlin dans la présidentielle américaine de 2016, présidée par Vladimir Poutine en personne. Les extraits révélés durant l'été 2021 par *The Guardian*[133] nous apprennent que Moscou avait décidé dès janvier 2016 de favoriser un changement de régime *politique dans les pays occidentaux. Il s'agissait d'une mesure de rétorsion

---

▶ @watchTENETnow (06-04-2024)
PIPELINE WARS (2024) | @Lauren_Southern
Documentaire officiel
Dénoncer l'écoterrorisme et l'argent noir qui le finance.
0 : 00 – Introduction
4:31 – Le camp permanent d'Antifa
7:25 – Shirley Wilson, aînée des Wet'suwet'en
12:58 – Qui sont vraiment les manifestants ?

[N.d.A.] On retrouve dans la sémantique de cet organe de propagande du Kremlin des éléments de langage clivants qui circulent internationalement tels que l'*expression « écoterrorisme » et son lien nécessaire avec les antifascistes.

aux sanctions que l'Europe et les États-Unis lui avaient imposées à la suite de l'invasion de la Crimée en 2014.

La stratégie consistait à provoquer aux États-Unis une « crise sociopolitique » par la « modulation du débat politico-sociétal » et la « délégitimation, dans la conscience collective, du système gouvernemental et du futur président élu ». Donald Trump était explicitement mentionné comme la personne dont il était « absolument nécessaire, par tous les moyens possibles, de faciliter [l']élection au poste de président des États-Unis », étant donné son caractère « mentalement instable, impulsif et déséquilibré, avec un complexe d'infériorité » et sa vision principalement « conservatrice ».

On ne peut être plus clair. Par « modulation du débat politico-sociétal », il faut entendre des opérations d'influence dans les médias et en particulier sur les médias sociaux tels que X, amplement documentées depuis[134]. Le Kremlin suit en cela un vieil enseignement de l'Union soviétique selon lequel « il est beaucoup plus facile et moins douloureux (et moins perceptible pour la population) de modifier la perception de la "réalité, les attitudes, les modèles de comportement et de créer des exigences et des attentes largement répandues, conduisant finalement à l'acceptation du totalitarisme"[135] ».

En 2025, alors que Twitter-X est devenu l'instrument incontournable de cette modulation du discours, les relations entre Elon Musk et Vladimir Poutine semblent à ce point normalisées que Moscou envisage un partenariat avec SpaceX pour la colonisation de Mars[136].

Le sort des États-Unis étant réglé, Elon Musk a la voie libre pour sa conquête spatiale. Avec Vladimir Poutine et Donald Trump comme troisième larron, cette broligarchie[137] naissante s'apprête à conquérir les démocraties européennes. Pour Vladimir Poutine, il s'agit de finir le travail, pour Musk d'éviter que le virus mental woke ne contamine Mars et pour Trump de faire encore plus de deals, quoi qu'il en coûte. De vrais frères de la gagne !

Elon Musk
@elonmusk

We really should.

Doesn't make sense for America to pay for the defense of Europe.

Mike Lee
@BasedMikeLee

Exit NATO *now*!

Concerned Citizen
@BGatesIsaPyscho

Meanwhile in Paris

The whole World continues to go insane

10:29 PM · Mar 8, 2025 · **5.8M** Views

6:00 AM · Mar 9, 2025 · **72.8M** Views

1.8K 1.5K 10K 759

ktQDC, 2mhTY

Tectonique géopolitique

« Notre tâche consiste à soutenir ces hommes politiques et leurs partis [*i.e.* les partis antisystèmes] en Occident de toutes les manières possibles, en les aidant *apertum et secretum* à obtenir des résultats décents lors des élections. Certains d'entre eux passeront du statut d'opposants non systémiques à celui de nouveaux membres de l'establishment politique. Et leur accession à la gouvernance de l'État pourrait radicalement améliorer le paysage *politique dans le monde occidental. » (Dmitri Medvedev[138])

Le 3 février 2024 sur Télégram, la Russie fait son coming out via son vice-président du Conseil de sécurité[139]. Ce qui pendant longtemps avait été un secret de polichinelle était désormais assumé au plus haut niveau de l'administration russe : le Kremlin œuvre à provoquer un changement de régime en

---

▶ @BGatesIsaPyscho (08-03-2024, Journée internationale des droits des *femmes)
Pendant ce temps à Paris. Le monde entier devient fou.

@BasedMikeLee (09-03-2024)
Sortons de l'OTAN *maintenant* !

@elonmusk
Nous devrions vraiment. Cela ne fait vraiment pas de sens pour l'Amérique de payer pour la défense de l'Europe.

[N.d.A.] Les Femen défilaient à Paris pour alerter sur l'« épidémie fasciste » aux États-Unis et en Europe[140].

Europe pour des partis qui lui seront favorables, presque toujours d'extrême droite. Les réseaux sociaux et en particulier X occupent évidemment une place de choix dans son arsenal comme outils pour influencer l'opinion et promouvoir ses candidats favoris – comme l'ont démontré des études sur les élections européennes et législatives 2024 en France[141] ou les élections fédérales 2025 en Allemagne[142].

L'un des principaux objectifs de Moscou dans cette opération de longue haleine : détricoter l'OTAN (alliance militaire dominée par les États-Unis, mise en place en 1949 pour assurer une défense collective et contenir l'Union soviétique). En tentant de retourner un à un les pays européens, le Kremlin espérait ainsi isoler les États-Unis. Mais voilà que, par un retournement de situation dont seul Putin a le secret, c'est maintenant le président américain lui-même qui parle de sortir de l'OTAN, soutenu au nom de l'efficacité économique par l'un de ses principaux conseillers : Elon Musk (ktQDC).

De toute évidence, la Russie n'est plus une menace pour l'Amérique de Donald Trump, qui serait même tombée aux mains des Russes selon certains ! C'est ce qu'affirme par exemple Grok, l'IA de Musk, qui en estime la probabilité à « 75-85 %[143] », mais aussi un ancien agent du KGB qui prétend que Trump a été recruté par Moscou en 1987 sous le nom de code « Krasnov[144] ». Ces affirmations sont difficilement vérifiables. La principale enquête sur les liens entre Donald Trump et la Russie, menée par le procureur spécial Robert Mueller à la suite des ingérences électorales de 2016, n'a pas réussi à remonter jusqu'à lui, même si elle a permis de confirmer les ingérences. Comment la justice aurait-elle pu ? Le directeur de campagne de Trump, son conseiller en politique étrangère, son conseiller à la sécurité nationale, son avocat personnel et son conseiller politique Roger Stone ont tous été jugés coupables d'avoir menti sur la véritable nature des liens entre Trump et la Russie. Ce n'est plus un fusible qui saute, c'est tout le compteur électrique ! Mais si le passé reste opaque, que nous dit le présent ?

Elon Musk
@elonmusk

Make Europe Great Again!

MEGA, MEGA, MEGA

From **MichaeloKeeffe**

4:12 PM · Feb 14, 2025 · **55.8M** Views

27K 84K 568K 21K

h4aG7

@elonmusk (14-02-2025)
Make Europe Great Again
MEGA, MEGA, MEGA

[N.d.A.] La vidéo relayée par Elon Musk est un extrait de l'intervention le 14 février 2025 du vice-président américain J. D. Vance à la Conférence de Munich sur la sécurité. Il y avait délivré une leçon de théorie *politique sur les fragilités et les dérives des démocraties européennes, actant ainsi la rupture de l'alliance transatlantique[145]. Dans cet extrait, Vance commence par dire « Je pense qu'il n'y a rien de plus urgent qu'une remigration de masse (*mass migration*) », puis se lance dans une longue diatribe contre la politique migratoire européenne.
MEGA = Rendons sa grandeur à l'Europe.

M*GA

> L'élection est terminée. Pour gagner cette élection, Donald Trump s'est appuyé sur certaines forces envers lesquelles il a désormais des obligations. En tant que personne responsable, il sera tenu de les remplir. (Nikolay Patrushev, 11-11-2024, TASS)

La déclaration de l'un des proches conseillers de Vladimir Poutine sur le site TASS[146], principale agence de presse de Russie, semblait bien comminatoire envers le puissant Donald Trump tout juste élu. Les mesures prises par le nouveau président des États-Unis dans les trois premiers mois de son mandat lui donnent pourtant raison : arrêt des livraisons d'armes[147] et du partage de renseignements avec l'Ukraine[148], humiliation du président ukrainien dans le Bureau ovale[149], extorsion économique envers l'Ukraine[150], nomination à la tête des services de renseignements américains (DNI) d'une conspirationniste prorusse[151], nomination à la tête du FBI d'un conspirationniste[152] ayant participé à un documentaire de propagande du Kremlin[153], nomination à la tête du secrétariat à la Santé et aux Services sociaux d'un antivaccination prorusse[154], nomination à la tête du Pentagone d'un homme accusé d'abus d'alcool et de mauvaise conduite[155] qui s'est empressé d'ordonner au cyber commandement d'arrêter toute planification d'action contre la Russie[156], nomination comme procureur général des États-Unis d'une adepte du complot *Stop the Steal*[157], qui dès le premier jour de son mandat a mis fin à la *task force* fédérale en charge de saisir les biens des oligarques russes[158] et a liquidé la cellule en charge de lutter contre les ingérences étrangères[159].

Le gouvernement fédéral a également retiré la Russie des priorités de l'Agence pour la cybersécurité et la sécurité des infrastructures (CISA)[160], a mis fin aux missions de la *task force* du FBI en charge de protéger les élections contre les cyberattaques ou d'autres tentatives de perturber les systèmes de vote[161], sans compter la nouvelle politique douanière des États-Unis qui a semé le chaos sur les marchés financiers en touchant tous les pays jusqu'à une île aux pingouins près de l'Antarctique[162], excepté… la Russie et la Biélorussie[163] (en dépit d'échanges commerciaux de plusieurs milliards de dollars). Tout cela sans compter la liquidation en règle des différentes agences fédérales, dont les agences de financement de l'éducation et de la recherche, ce qui va affaiblir sur le long terme la capacité d'innovation des États-Unis.

Cerise sur le gâteau, Trump a assuré dans une interview au *Time* à propos des négociations pour la paix en Ukraine que « la Crimée restera Russe », allant même jusqu'à affirmer : « C'est Barack Hussein Obama qui la leur a donné, et non moi », et que « l'Ukraine ne rejoindrait jamais l'OTAN »[164].

Échec et mat dirait Garry Kasparov, qui qualifie le début de la seconde mandature Trump de « poutinisation de l'Amérique », processus qui devrait logiquement mener à la mise au pas des oligarques américains[165]. Pour reprendre l'expression d'Elon Musk, cela fait aussi penser à un suicide civilisationnel.

Ni Vladimir Poutine, ni Donald Trump, ni Elon Musk ne semblent vouloir se contenter de leur nouveau terrain de jeu. Après la MAGA mania (*Make America Great Again*), voici venir pour les trois confrères le temps du MEGA : *Make Europe Great Again*.

Elon Musk @elonmusk · Feb 10

Make Europe Great Again!

MEGA, MEGA, MEGA!

> **Mario Nawfal** @MarioNawfal · Feb 10
>
> ITALIAN MEDIA - ELON AND MEGA ARE A THREAT TO EUROPE!
>
> Looks like mainstream left media is scared of the Make Europe Great Again movement...
>
> ...
>
> Show more

4.1K 13K 73K 7.4M

Elon Musk @elonmusk · Oct 20, 2023

Replying to @WallStreetMav and @WallStreetSilv

Europe is headed for **civil war**

1.9K 4.6K 19K 1.2M

Elon Musk @elonmusk · Nov 13, 2023

Replying to @RadioGenoa

Europe appears to be headed for **civil war**

1.8K 3.2K 12K 1.5M

Elon Musk @elonmusk · Oct 20, 2023

Replying to @WallStreetMav and @WallStreetSilv

Europe is trending towards **civil war**

656 1.3K 6.3K 343K

MAKE EUROPE GREAT AGAIN

MEGA

Dr. Simon Goddek @goddeketal · Sep 24, 2024

We all know what happened next...

2.5K 2.1K 22K 10M

Elon Musk
@elonmusk

I was there with my Mom.

There is no romantic relationship whatsoever with PM Meloni.

1:53 AM · Sep 25, 2024 · **1.1M** Views

2.9K 2.1K 27K 732

Ft2ID

« Muskloni »

S'il lui fallait choisir une base pour prêcher la bonne parole en Europe, Elon Musk choisirait probablement l'Italie de Giorgia Meloni, qui souhaite rendre à l'Ouest sa grandeur[166] (*Make the West Great Again*). Défense des valeurs traditionnelles, antiwokisme et expulsions massives des immigrés forment le trio gagnant de la relation entre la dirigeante postfasciste ancienne admiratrice de Mussolini[167] et l'entrepreneur de l'espace, nouvel homme fort de Washington.

À plusieurs reprises, Elon Musk est intervenu sur X pour défendre la politique migratoire de l'Italie contre l'« autocratie » des juges qui freinent les expulsions (utVNK, 7yPAp, VnreU) ou pour alerter de la baisse du taux de natalité italien (nM9XT, 9ER9g). La connivence entre Elon Musk et Giorgia Meloni est telle que certains ont imaginé une romance à partir d'une photo prise lors d'un dîner (Ft2ID). Rumeur absurde pour Elon Musk puisqu'il « étai[t] là avec [s]a mère ».

Mais au-delà de ces enfantillages, le projet d'Elon Musk en Italie est très concret : il s'agit d'en faire un laboratoire

---

▶ @goddeketal (24-09-2024)
Nous connaissons tous la suite…

@elonmusk (25-09-2024)
J'étais là avec ma mère.
Il n'y a aucune sorte de relation romantique avec PM Meloni.

d'expérimentation pour la vassalisation de l'Europe par la technologie. En janvier 2025, Giorgia Meloni a en effet amorcé des discussions de haut niveau avec la firme d'Elon Musk SpaceX pour doter l'Italie d'un système de communication extranational. Ce contrat, estimé à 1,5 milliard d'euros pour une durée de cinq ans, prévoit la fourniture d'un accès sécurisé à Internet via le système Starlink pour des opérations du gouvernement italien et de son armée en Méditerranée, mais également pour les situations d'urgence (attaques terroristes, catastrophes naturelles, etc.)[168].

Cette collaboration est critique à plusieurs égards. Elle favorise un opérateur états-unien sur l'opérateur européen Eutelsat et envoie un mauvais signal au projet de l'UE Iris2 (Infrastructure de résilience et d'interconnexion sécurisée par satellite). Mais surtout, elle rend un pays européen dépendant du bon vouloir d'Elon Musk et de Donald Trump sur des aspects stratégiques. Or, contrairement aux grandes infrastructures physiques comme les routes, les connexions satellites peuvent être retirées en quelques secondes à leurs bénéficiaires et il n'y a aucun moyen de contraindre l'opérateur de les rétablir puisque l'infrastructure est pilotée à distance depuis l'espace. Cela en fait un instrument de pression incomparable en cas de conflit. C'est d'ailleurs ce moyen de pression qu'a évoqué Donald Trump pour contraindre Volodymyr Zelensky d'accepter son deal sur l'exploitation par les États-Unis des mines de terres rares ukrainiennes[169]. Pour conquérir les marchés, le *good cop* Elon Musk jure qu'il n'utilisera jamais Starlink comme moyen de pression. Mais rien ne dit qu'il n'y sera pas contraint un jour par le *bad cop*[170] des États-Unis. Starlink est une cage dorée made in USA.

Pour ce qui est de l'Italie postfasciste, déjà *great* à ses yeux à tous égards, Elon Musk est donc déjà en phase d'exploitation.

Comme de l'huile sur le feu

Pour faire tomber une démocratie, le plus efficace est de lui appliquer un couple de forces : déséquilibre puis projection à terre. Armé de X et de son immense fortune, Elon Musk a appliqué cette stratégie aux États-Unis avant de la répliquer en Europe. L'une de ses premières cibles : le Royaume-Uni.

Première étape : amplifier le chaos et la décohésion sociale. Un drame va permettre à Musk de lancer la machine : le 29 juillet 2024 à Southport, petite ville calme et appréciée des retraités anglais, trois jeunes filles sont poignardées à mort dans une école de danse. Channel3 Now, un obscur média d'information basé au Pakistan et soupçonné d'avoir des liens avec la Russie[171], s'en mêle. Il révèle immédiatement l'identité du meurtrier : Al-Shakati, musulman en situation irrégulière. L'information est relayée dans la foulée et massivement sur X et Telegram par des comptes influents d'extrême droite, dont Andrew Tate et Stephen Yaxley-Lennon, alias Tommy Robinson, deux comptes ayant été rétablis sur Twitter par Elon Musk (voir chap. « Let that sink in »).

Dès le lendemain, une manifestation anti-*immigration est organisée devant la mosquée de Southport par le groupuscule d'extrême droite English Defence League (EDL) fondé par Robinson. Les mots d'ordre : « *No surrender !* » (Nous n'abandonnerons pas !), « *English till I die !* » (Anglais jusqu'à la mort !) ou « Tommy

Ashley St. Cl... @stclairash... · Aug 4, 2024
The effects of mass migration and open borders is what's going on.

Libs of TikTok @libsoftiktok · Aug 4, 2024
Wtf is going on in the UK. Total madness

848 · 2.9K · 19K · 2.2M

Elon Musk
@elonmusk

Civil war is inevitable

5:07 AM · Aug 4, 2024 · **9.9M** Views

5.3K · 7.9K · 34K · 1.7K

uraqV & vsyPE

@libsoftiktok
Putain ! Qu'est-ce qu'il se passe au Royaume-Uni ? C'est de la folie pure.

@stclairashley (04-08-2024)
Ce sont les conséquences de l'immigration de masse et de l'ouverture des frontières.

@Elon Musk
La guerre civile est inévitable.

[N.d.A.] La vidéo relayée rapporte les émeutes de 2024 au Royaume-Uni déclenchées par des manifestants d'extrême droite en réaction à l'attaque au couteau de Southport le 29 juillet 2024 et à la campagne de désinformation qui s'en est suivie. Les émeutes ont duré plusieurs jours, se propageant à tout le pays, et ont été les plus violentes que le Royaume-Uni ait connues depuis 2011, lorsqu'un citoyen *noir avait été abattu par un policier.

Robinson ». Mais ce dernier n'était pas sur place. Il galvanisait ses troupes depuis un hôtel cinq étoiles à Chypre où il s'était réfugié pour échapper à la justice anglaise dans une autre affaire. Ses tweets haineux totaliseront 50 millions de vues par jour en moyenne sur cette période[172]. Cette première journée de mobilisation tourna de manière prévisible à l'émeute, faisant plus de cinquante blessés parmi les forces de l'ordre[173].

Dans les jours qui suivirent, une douzaine d'autres villes s'embrasèrent. Au climax de ces émeutes, peu avant que des hooligans ne tentent d'incendier l'hôtel de Rotherham qui accueillait des *migrants, Musk mit de l'huile sur le feu en tweetant à ses 200 millions d'abonnés : « La guerre civile est inévitable » (uraqV), de toute évidence une manière d'excuser les émeutiers, voire de les encourager. Ces émeutes ne confirmaient-elles pas ses multiples avertissements anti-immigration sur X : « L'Europe va vers une guerre civile » (Lb9dt) ?

Sans surprise, dans le cas de Southport, il s'avéra que l'assassin n'était en rien un immigré musulman en situation irrégulière. Il ne s'appelait même pas Al-Shakati. Le vrai meurtrier, Axel Rudakubana, était un jeune homme anglais d'une famille de chrétiens évangélistes pour lequel la police n'a pas réussi à identifier de mobile religieux[174]. Atteint de troubles mentaux, il avait développé une obsession pour les génocides, ses parents étant d'origine rwandaise. Mais ce mensonge, jamais reconnu, est un point de détail pour Elon Musk tant qu'il servait ses objectifs.

La déstabilisation étant en marche, il lui restait à désigner son poulain pour le « redressement » du Royaume-Uni.

I0IXe, exQBE

@GadSaad (07-08-2024)
Les tensions qui se manifestent en Grande-Bretagne sont apparemment dues à l'activisme de @TRobinsonNewEra et aux messages de @elonmusk sur cette plateforme. Elles ne sont apparemment pas dues à une politique d'immigration d'ouverture des frontières qui a modifié le tissu de la société britannique à un rythme époustouflant. Non, non, non. Seuls les bigots diraient cela. Le mieux est de blâmer Elon. Le syndrome parasitaire de l'autruche tue. Prétendre que le problème n'existe pas ne résoudra pas le problème. Proposer des « explications » à partir de fausses causalités ne résoudra pas le problème. Vous paierez un prix extraordinairement élevé pour votre lâcheté, votre apathie et votre détournement idéologique.

@elonmusk
100 % [d'accord]

[N.d.A.] @TRobinsonNewEra est le nom du compte de Tommy Robinson, instigateur des émeutes au Royaume-Uni, fondateur du groupuscule d'extrême droite English Defence League et ancien membre du parti fasciste britannique British National Party (voir chap. « Comme de l'huile sur le feu »).

Make UK Great Again

D'après l'ancien directeur exécutif de Twitter Europe, Bruce Daisley, Elon Musk est « largement responsable du retour de Tommy Robinson sur Twitter et, en tant qu'utilisateur de la plateforme, de l'amplification de son audience au point qu'il est passé de l'antichambre de la politique à l'un des plus grands noms orchestrant potentiellement ce conflit racial » (parti de Southport)[175].

Mais Elon Musk a d'autres ambitions pour cet agitateur. Il voit en Robinson un défenseur inconditionnel de sa conception de la liberté d'*expression et entend bien le recruter pour le deuxième volet de sa stratégie : donner à l'Angleterre un leader digne du chaos qu'il aura su semer.

Après des rumeurs d'un soutien de 100 millions de dollars du multimilliardaire à Nigel Farage, chef du parti d'extrême droite proBrexit Reform UK[176], Elon Musk semble finalement avoir jeté son dévolu sur Tommy Robinson pour accompagner un changement de régime politique en Angleterre.

Tandis qu'il s'applique à délégitimer ce qu'il a qualifié à de nombreuses reprises d'« État policier tyrannique » (wwmXE), allant même jusqu'à accuser le Premier ministre britannique d'être « complice » de réseaux pédocriminels[177], Elon Musk prépare la relève.

Encore faut-il qu'il arrive à faire sortir de prison ce multi-condamné pour incitations à la haine raciale et à la violence autrement qu'en appelant à sa libération sur X (Dtyl7). Cela commence par le protéger de condamnations supplémentaires en prenant en charge ses frais de justice dans une affaire de harcèlement d'un écolier réfugié syrien[178].

En attendant que Tommy Robinson retrouve sa liberté d'action, Elon Musk s'est tourné vers un pays dont la grandeur passée mérite pleinement son attention : l'Allemagne.

Make Germany Great Again

Les tweets d'Elon Musk expriment depuis de nombreuses années une attirance pour l'Allemagne, mentionnant « ses talents exceptionnels en matière d'ingénierie » (joESA) et l'efficacité de ses ingénieurs (AbXod). C'est en Allemagne qu'il a lancé sa première Gigafactory européenne, conçue avec une méthode de construction préfabriquée qu'il qualifie d'« extrêmement impressionnante » (aG6Mu).

Mais ce n'est qu'assez récemment qu'il s'est intéressé à l'avenir démographique et politique de l'Allemagne. Sa première intervention est concomitante avec son reportage sur l'immigration latino-américaine à Eagle Pass aux États-Unis le 29 septembre 2023 (voir chap. « L'empathie suicidaire »). Ce jour-là, @RadioGenoa poste une vidéo montrant un sauvetage de migrants au large de l'Italie par une ONG présentée comme « subventionnée par l'État allemand » (qqpLZ). L'algorithme de recommandation de X l'a-t-il mise en avant dans le fil d'actualité d'Elon identifiant une opportunité de clic ? Toujours est-il que Musk s'en empare pour interpeller les Allemands et leur gouvernement : « L'opinion publique allemande a-t-elle connaissance de cela ? » (qqpLZ). Le ministère des Affaires étrangères allemand lui explique que cela sert à sauver des vies, ce à quoi il rétorque que c'est au contraire une « violation de la souveraineté de l'Italie » ayant un « parfum d'invasion » (7yPAp).

Elon Musk @elonmusk

Is the German public aware of this?

RadioGenoa @RadioGenoa · Sep 29, 2023

There are currently 8 German NGO ships in the Mediterranean Sea collecting illegal immigrants to be unloaded in Italy. These NGOs are subsidized by the German government. Let's hope AfD wins the elections to stop this European suicide t.me/RadioGenoa

4:04 PM · Sep 29, 2023 · **76.2M** Views

22K 75K 271K 5.6K

qqpLZ, SSxrA

@RadioGenoa (29-09-2023)
Il y a actuellement 8 navires d'ONG allemandes en Méditerranée qui recueillent des migrants illégaux pour les débarquer en Italie. Ces ONG sont subventionnées par le gouvernement allemand. Espérons que l'AfD remporte les élections pour mettre fin à ce suicide européen.

@elonmusk
Le peuple allemand est-il conscient de cela ?

Cet échange a d'autant plus choqué le public allemand que le compte @RadioGenoa amplifié par Elon Musk est connu pour faire partie d'un réseau international de désinformation anti-occidental, conservateur, xénophobe et pro-Poutine[179]. L'un des fans d'Elon Musk, @alex_avoigt, l'alerte des conséquences que peut avoir ce type de commentaires pour ses entreprises, précisant qu'ils font le jeu de l'AfD (Alternative für Deutschland), parti défenseur du concept de remigration, c'est-à-dire de l'expulsion du territoire allemand de toute personne considérée comme « non assimilée ».

L'AfD, parti montant d'extrême droite pro-Kremlin[180], est ce qui se fait de plus extrême sur la scène européenne. Il n'hésite pas à créer des alliances avec des partis néonazis[181] dont les membres s'affichent sans complexe dans ses meetings[182], et a adopté pour les élections fédérales 2025 le slogan ambigu *Alice für Deutschland*, en référence à sa leader, Alice Weidel, mais aussi à la devise *Alles für Deutschland* (Tout pour l'Allemagne) de la Sturmabteilung (SA), organisation paramilitaire du Parti national-socialiste des travailleurs allemands sous Hitler[183]. Björn Höcke, le « vrai boss » de l'AfD selon *Der Spiegel*[184], utilise quant à lui régulièrement des éléments de langage empruntés aux nazis[185] et s'entoure d'une milice armée[186].

Prudent, Elon Musk se défend auprès d'@alex_avoigt de prendre parti pour l'AfD qu'il dit ne pas connaître. Point final ?

Elon Musk @elonmusk · Apr 20, 2024

From **Michael Shellenberger** P

3.4K 12K 80K 29M

Naomi Seibt @SeibtNaomi · Apr 20, 2024

X is the only platform that will not bow down to corrupt tyrants!

71 248 1.8K 123K

Elon Musk
@elonmusk

Doing our best

7:39 PM · Apr 20, 2024 · **104K** Views

206 243 3.2K 41

e12Xs, gpcvB, Wnybd

Petit pot de miel

Elon Musk ne connaissait peut-être pas l'AfD lorsqu'en septembre 2023 il fit son premier commentaire politique sur la twittersphère allemande. L'AfD, en revanche, le connaissait très bien. Il était même dans le viseur de l'une de ses influenceuses depuis qu'il avait racheté le réseau social, comme beaucoup de partis d'extrême droite qui s'étaient soudain épris du milliardaire[187].

L'agent recruteur : Naomi Seibt, une jeune *femme de 22 ans (xSc9Z) qui tentait désespérément d'attirer l'attention d'Elon Musk depuis octobre 2022 (zpwtg). Naomi Seibt n'est pas n'importe qui. Elle a été recrutée à 19 ans par le Heartland Institute, un think tank climatodénialiste conservateur américain qui la présente comme l'« anti-Greta Thunberg[188] » et la finance dans le but d'influencer l'opinion publique allemande sur les questions énergétiques. Sur son site « Climat de liberté », elle présente la mission du Naomi Seibt Institute : « inspirer le scepticisme dans

---

▶ [N.d.A.] Relai par Elon Musk d'une vidéo de Michael Shellenberger critiquant la décision du juge de la Cour suprême brésilienne Alexandre de Moraes. Ce dernier menaçait de prendre des sanctions contre Twitter-X pour ne pas avoir respecté les injonctions judiciaires brésiliennes, notamment en réactivant des comptes suspendus par la justice pour diffusion de fausses informations[189].

@SeibtNaomi
X est la seule plateforme qui ne s'incline pas devant les tyrans corrompus !

@elonmusk
On fait au mieux.

le domaine de la science et des questions socio-économiques ». Bien que niant être membre de l'AfD à l'époque où elle tente d'approcher Musk, elle en relayait régulièrement les messages sur Twitter-X (hTHWx) et fera campagne pour ce parti aux élections fédérales de 2025 (pni7E).

Après des mois d'efforts, @SeibtNaomi arrive à harponner Elon Musk pour la première fois le 20 avril 2024 alors qu'il était en plein bras de fer avec le juge de la Cour suprême brésilienne Alexandre de Moraes (e12Xs, gpcvB, Wnybd). Le Brésil menaçait de prendre des sanctions contre Twitter-X pour ne pas avoir respecté ses injonctions judiciaires, notamment en réactivant des comptes suspendus par la justice pour diffusion de fausses informations. Non seulement @SeibtNaomi prend la défense d'Elon Musk en traitant le juge de « tyran corrompu », mais elle en fait un même.

Cela allait-il suffire pour conquérir le cœur d'Elon ?

« Seule l'AfD peut sauver l'Allemagne »

> Pourquoi certains réagissent-ils si négativement à l'AfD ? Ils ne cessent de parler « d'extrême droite », mais les politiques de l'AfD que j'ai lues ne semblent pas extrémistes. Peut-être que quelque chose m'échappe. (Elon Musk, 09-06-2024, PRegn)

C'est l'interrogation (faussement ?) naïve qu'a partagée Elon Musk sur X en réaction à un tweet de @SeibtNaomi annonçant son soutien l'AfD (pni7E). C'est à partir de ce moment-là qu'Elon Musk l'a prise sous son aile et fera monter la jeune influenceuse sur X, et par la même occasion son parti *politique et le climato-dénialisme – il a d'ailleurs lui-même des positions climato-dénialistes[190] (7KKm1). Musk échangera avec elle plusieurs fois par mois jusqu'à l'élection fédérale allemande sur des sujets allant de l'économie aux gangs de violeurs et à la liberté d'*expression, en passant par le tourisme à Cap Town. Une vraie campagne de publicité de la part du compte le plus influent de X.

L'opération de séduction de @SeibtNaomi fut à ce point efficace qu'en réaction à l'un de ses tweets Elon Musk donna un cadre existentiel à la victoire de l'AfD en déclarant : « Seule l'AfD peut sauver l'Allemagne » (RiYMb). Une expression qu'il répétera de nombreuses fois sur X jusqu'au scrutin (y0McW, Dtjcf), avec quelques variantes telles que « l'AfD est le seul espoir pour

Elon Musk @elonmusk

Subscribe ...

Only the AfD can save Germany

Naomi Seibt @SeibtNaomi · Dec 19, 2024

CHANCELLOR FRONTRUNNER SLAMS MUSK & MILEI !

The presumptive next chancellor Friedrich Merz (CDU) is horrified by the idea that Germany should follow Elon Musk's and Javier Milei's example.

...

Show more

7:03 AM · Dec 20, 2024 · **52.3M** Views

18K 32K 156K 12K

bvIF3, RiYMb

@SeibtNaomi (19-12-2024)
Le prochain chancelier présumé Friedrich Merz (CDU) est horrifié par l'idée que l'Allemagne devrait suivre l'exemple d'Elon Musk et de Javier Milei. Il rejette catégoriquement une approche proliberté et refuse toute discussion avec l'AfD.

@elonmusk (20-12-2024)
Seule l'AfD peut sauver l'Allemagne.

l'Allemagne » (GgeBl, uVzzE, PFZSC, EhGyD). Rien que ces quelques tweets ainsi que les encouragements de la dernière ligne droite électorale (« AfD ! ») ont totalisé plus de 370 millions de vues sur X.

En prenant en compte d'autres interventions telles que son interview d'Alice Weidel sur X le 9 janvier 2025, sa complaisance envers les *bots* amplifiant son soutien à l'AfD (voir chap. « X : l'endroit où chacun a le droit d'avoir l'opinion d'Elon ») ou son apparition surprise sur grand écran le 25 janvier au meeting de l'AfD (q7t9Z), nous pouvons affirmer sans trop de *risques que le patron de X a joué un rôle important dans le score historique obtenu par l'AfD lors des élections fédérales 2025. Ce parti est arrivé en deuxième position avec 20,8 % des suffrages. Le 26 février 2025, Elon Musk quittait la scène *politique allemande d'un tweet assuré : « L'AfD sera au pouvoir en Allemagne après les prochaines élections » (r3ob2). À suivre donc...

Cette séquence germanique a laissé en suspens une question qui est sur toutes les lèvres...

Naomi Seibt @SeibtNaomi

Follow

ELON MUSK: LET'S GOOOO!

"Fight for a GREAT future for Germany! Let's go!"

Germans are usually NOT the overly enthusiastic type but watch the people's reaction when Elon Musk appeared at the greatest AfD rally of all time!

Elon, you are reviving the German PASSION!

8:24 PM · Jan 25, 2025 · **2.8M** Views

1.2K 4.3K 27K 866

q7t9Z

@SeibtNaomi (19-12-2024)
ELON MUSK : LET'S GOOOO ! « Battez-vous pour un GRAND avenir pour l'Allemagne ! Allons-y ! » Les Allemands ne sont généralement pas du genre trop enthousiaste, mais regardez la réaction des gens quand Elon Musk est apparu au plus grand rassemblement de l'AfD de tous les temps ! Elon, tu fais revivre la PASSION allemande !

« Tu fais revivre la passion allemande »

> On porte trop d'attention à la culpabilité passée alors que nous devrions la dépasser. Les enfants ne devraient pas se sentir coupables des péchés de leurs parents, encore moins de leurs arrière-grands-parents... Il y a un besoin de changement. Cette élection est si importante ! Je ne le dis pas à la légère quand je dis que le futur de la civilisation pourrait dépendre de cette élection. (Elon Musk, meeting de l'AfD, Frankfort 25 janvier 2025, sF6qho)[191]

Comment interpréter cette prise de parole à la veille de la commémoration des 80 ans d'Auschwitz dans l'ambiance électrique du plus grand rassemblement de l'AfD de tous les temps ? Partageait-il une intime conviction ? Qu'entendait Elon Musk par le « futur de la civilisation » ?

Ses admirateurs de l'AfD semblent avoir bien compris le message (q7t9Z), mais pour ne pas risquer de surinterpréter, il est important de remonter dans le temps à la recherche d'indices qui aideraient à nous projeter dans la tête d'Elon Musk.

Elon Musk
@elonmusk

Subscribe

How times have changed

3:52 PM · Nov 7, 2022

13K 25K 304K 1.5K

mZDno

@elonmusk (07-11-2022)
Les temps ont bien changé

Les nouveaux pigeons

Quelques jours après avoir racheté Twitter, Elon Musk expliquait à son peuple numérique comment il voyait la chose. Dans un tweet du 7 novembre 2022, il partageait un mème fabriqué à partir d'une ancienne photo de soldat portant dans le dos une cage avec trois pigeons voyageurs. Dans le coin supérieur droit de la cage avait été ajoutée une petite pastille de notification de smartphone indiquant le chiffre trois. La photo était légendée « 3 messages non lus ».

« Les temps ont bien changé » lançait Musk à la face du monde (mZDno), suggérant que maintenant, ce serait lui qui apporterait les messages avec son oiseau bleu numérique.

Ironie du sort, le soldat n'était pas n'importe quel soldat. Il s'agissait d'une photo d'un soldat de l'armée nazie prise sur le front ouest pendant l'invasion de la France[192].

Elon Musk supprimera-t-il un jour cette métaphore de son compte X ? Ou continuera-t-il à jouer avec ce mème comme un enfant avec un soldat de plomb ?

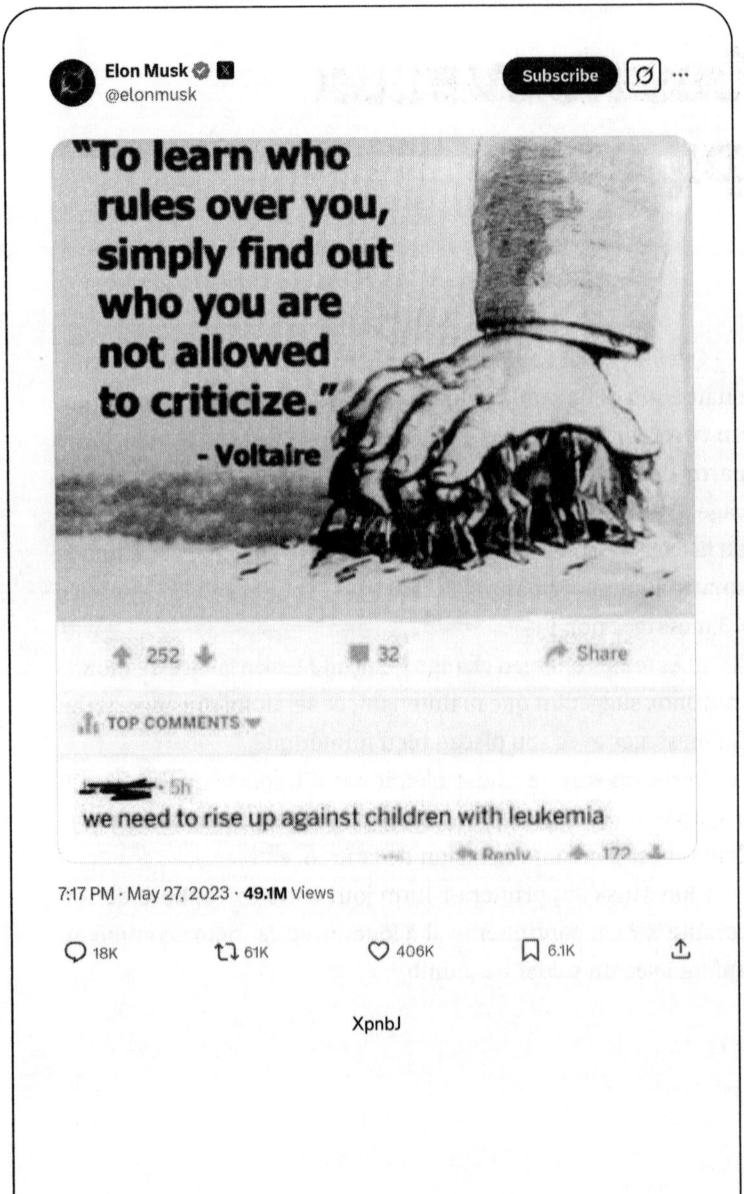

Elon Musk
@elonmusk
Subscribe
"To learn who rules over you, simply find out who you are not allowed to criticize."
- Voltaire
252
32
Share
TOP COMMENTS
5h
we need to rise up against children with leukemia
Reply
172
7:17 PM · May 27, 2023 · 49.1M Views
18K
61K
406K
6.1K
XpnbJ

On a la culture qu'on mérite

Elon Musk, qui répète à qui veut l'entendre qu'il faut à tout prix préserver la culture occidentale au risque d'un effondrement de la civilisation, lui inflige parfois quelques misères. Il a par exemple posté un même mentionnant une citation prétendument de Voltaire : « Pour savoir qui vous gouverne, il vous suffit de trouver ceux qu'il ne vous est pas permis de critiquer » (XpnbJ).

On comprend que cela tombe sous le sens pour quelqu'un qui n'hésite pas à bannir de son réseau social ceux qui le critiquent trop fort (voir chap. « Ligne rouge »).

Le problème est que cette citation n'est pas de Voltaire. Elle est revendiquée par Kevin Alfred Strom, un Américain néonazi nationaliste, qui l'aurait prononcée dans une émission de radio de 1993. Dans un article pour le *National Vanguard*, Strom en précise le sens (DLQek). Après avoir énoncé une longue liste de ce qui, selon lui, n'est désormais plus considéré comme un péché aux États-Unis, tel que la sodomie ou le fait de brûler un drapeau américain, il poursuit : « Aujourd'hui, plus encore qu'en 1993, il est évident que l'Amérique occupée n'a plus de liberté d'*expression. Selon les pouvoirs en place, c'est un "péché" de critiquer le pouvoir juif – ou même de souligner le fait qu'il existe. C'est également un "péché" de s'opposer ou de critiquer l'agenda juif, un péché qui a parfois de graves conséquences personnelles et professionnelles. »

Mais ça, c'était avant X, car heureusement, grâce à Elon Musk, il existe maintenant un espace de liberté mainstream où l'on peut enfin tout dire !

Ou presque. Car lorsque des journalistes et chercheurs ont révélé l'*identité du dessinateur anonyme Stonetoss, célèbre sur Twitter-X pour ses dessins antisémites et néonazis, Elon Musk a jugé que cette information ne faisait pas partie des choses à dire et a protégé Stonetoss de ses détracteurs en suspendant leurs comptes[193]. Peut-être craignait-il aussi que, démasqué, Stonetoss ne quitte X, ce qui aurait été moins pratique pour réutiliser ses dessins comme mèmes (xwc19) ?

Moralité, on peut tout dire sur X tant que cela reste dans l'esprit de la maison Musk.

On a les amis qu'on mérite

Elon Musk n'a pas simplement rétabli des comptes néonazis sur Twitter-X, toléré et monétisé leurs contenus au nom de la liberté d'*expression (voir chap. « Absolutisme »), il relaie lui-même des comptes ouvertement nazis, qui le lui rendent bien en le défendant contre ceux qui l'accusent d'antisémitisme (99YNr).

C'est le cas par exemple du compte @Uncommonsince76, dont Elon Musk a porté la bonne parole à ses abonnés à propos du *racisme antiblancs[194] en Afrique du Sud (s01hm) et qui, à ses heures perdues, relaie des vidéos d'Hitler expliquant « comment les Juifs ont infiltré et détruit la culture allemande à travers la presse, les films, et la destruction de leur histoire. Tout comme ce qui se passe actuellement aux États-Unis... » (ICZyF) ; ou bien explique qu'« il n'y a pas eu une seule chambre à gaz d'exécution dans l'Europe nationale-socialiste. Les Américains étaient les seuls à exécuter des gens de cette manière. Cela n'a jamais été la méthode d'exécution allemande » (x1pu1). Dans le même registre, Elon Musk a relayé une interview de l'historien révisionniste Darryl Cooper par Tucker Carlson, indiquant qu'elle était « à voir[195] ».

Elon Musk s'affiche également avec des personnalités notoirement antisémites comme Kayne West (j5EpX), autodéclaré nazi en 2022[196], dont il a rétabli le compte Twitter autrefois banni.

Uncommon Sense
@Uncommonsince76

Follow

Between blackmailing Elon with the Twitter advertisers, to now blackmailing him with Ashley St. Clair and then the on top of that, the media hit pieces about his hand gestures,

the Jews are actually gonna turn him into a real Nazi.....

Weimar problems= Weimar solutions

6:20 AM · Feb 18, 2025 · **33.2K** Views

41 131 1K 99

99YNr

@Uncommonsince76 (18-02-2025)
Entre le chantage exercé sur Elon par les annonceurs de Twitter, le chantage exercé sur Ashley St. Clair et, pour couronner le tout, les articles de presse sur ses gestes, les juifs vont en fait faire de lui un vrai nazi… Problèmes de Weimar = solutions de Weimar

Kayne West a cependant quitté X en février 2025, privant le réseau de sa contribution à la *diversité des points de vue. Que pouvait-il bien reprocher à Elon Musk qui l'avait accueilli les bras ouverts ?

Axios
@axios

Follow ···

Musk tells far-right Germany AfD party "there's too much focus on past guilt"

From axios.com

2:40 PM · Jan 26, 2025 · **36.7K** Views

72 58 141 19

bU9Pe

@axios (26-01-2025)
Musk déclare à un rassemblement du parti d'extrême droite allemande AfD « On porte trop d'attention à la culpabilité passée »

On a le salut qu'on mérite

Le 20 janvier 2025 lors de l'investiture de Donald Trump, le monde entier a été choqué par un salut d'Elon Musk à la foule, par deux fois exécuté, qui ressemblait à s'y méprendre à un salut nazi.

Devant le tollé provoqué par ce geste, le camp Trump et les droites extrêmes de tous horizons ont immédiatement minimisé la chose, allant jusqu'à défendre qu'il s'agissait d'un « salut romain », qui n'a en fait jamais existé dans l'histoire[197].

Mais même à l'extrême droite, tous n'avaient pas la même interprétation. Ainsi, Kayne West, ami d'Elon Musk, s'est quant à lui emporté sur X le 7 février en lançant « ELON A VOLÉ MON SALUT NAZI À L'INAUGURATION YOOOO MY GUY[198] » avant de fermer son compte X pour aller vendre des tee-shirts avec des croix gammées[199].

C'était bien la peine de minimiser !

Et c'est bien ça le problème avec Elon Musk et ses alliés des extrêmes droites, on ne sait jamais, jusqu'à la dernière minute, ce qui est sérieux ou ce qui relève de la rigolade, ce qui est vrai ou ce qui est faux.

Dans une période où l'humanité fait face à de nombreux *risques existentiels, la plupart d'origine humaine, il est au contraire plus important que jamais d'être précis sur les faits pour éviter de regarder ailleurs pendant que la maison brûle. C'est ce qui nous a amenés à documenter avec précision les verbatims présentés dans ce livre.

En toutes circonstances, une douche doit rester une douche*.

Quant à l'avenir que nous réserve Elon Musk, forts de nos éclairages, nous pouvons maintenant faire quelques conjectures.

* Au moment de la commémoration des 80 ans de la découverte du camp d'extermination d'Auschwitz, 16 % des Français disaient ne jamais avoir entendu parler de la Shoah, et même 25 % pour les moins de 38 ans. Presque autant pensaient que l'Holocauste est un mythe (voir par exemple X. Monferran, « Un Français sur dix dit ne jamais avoir entendu parler de la Shoah », *Mon Info*, 2020). Pour éviter de paraître cryptique auprès de cette population, rappelons ce fait : les nazis ont déporté 2,7 millions de juifs (ainsi que d'autres minorités) dans des wagons à bestiaux vers des camps d'extermination à l'autre bout de l'Europe. Une fois arrivés aux camps, par souci d'efficacité, les déportés étaient séparés en deux groupes. Les plus faibles se voyaient proposer une douche collective, probablement perçue comme un soulagement après un si long voyage, à laquelle ils se rendaient sans résister. L'eau y avait été remplacée par un insecticide, le Zyklon B, qui les tuait tous en quelques minutes d'agonie. Les plus forts étaient mis au travail forcé pour agrandir le camp et s'occuper de la logistique : débarrasser les douches des personnes gazées, récupérer les dents en or et objets précieux, transférer les corps vers les fours crématoires et les brûler en masse. Ce jusqu'à ce qu'ils en meurent aux aussi. Tromper les nouveaux arrivants sur la véritable nature des douches était une ruse diabolique pour obtenir obéissance et fluidité dans la logistique.

« Vous êtes virés ! », © Pierre Ballouhey

ÉPILOGUE

TRACEROUTE MAGA_MIND_ VIRUS

Rolling Stone
@RollingStone

"50501 lives in every one of us. It's in our heart. It's in our energy. It's in the sad moments. It's in the angry moments. We are fighting against fascism. We're definitely David to Goliath in this fight, right? But David won."

Story: rollingstone.com/politics/polit...

PEOPLE POWER

HOW A REDDIT MEME BIRTHED A NATIONWIDE ANTI-TRUMP MOVEMENT

50501 is a new activist coalition that's inspiring millions to take to the streets to fight fascism

By TIM DICKINSON
APRIL 18, 2025

Protesters form a human banner on Ocean Beach during a protest against U.S. President Donald Trump, part of the "Hands Off" rallies held nationwide, in San Francisco, Saturday, April 5, 2025.

1:05 AM · Apr 19, 2025 · **11.9K** Views

1 14 27 4

wApAv

« Coup d'État numérique »

Le contrat entre Elon Musk et les chefs d'État des deux premières puissances nucléaires semble assez clair : une collaboration autour de la mise au pas du peuple américain contre un laissez-passer pour la colonisation de Mars.

Dans une conférence TED, la journaliste Carole Cadwalladr, Prix Pulitzer pour avoir révélé le scandale Facebook-Cambridge Analytica, a mis un nom sur l'action du DOGE : « coup d'État numérique[200] ».

Il est surprenant que la démocratie la plus puissante du monde puisse tomber si brutalement dans l'autocratie, sans bataille ni invasion. De nombreux signes permettaient pourtant de le présager, comme nous l'avions souligné dans *Toxic Data*[201], conclusions issues d'une analyse approfondie de l'évolution de nos environnements numériques.

▶ @RollingStone (19-04-2025)
« 50501 vit en chacun de nous. Il est dans notre cœur. Il est dans notre énergie. Il est dans les moments de tristesse. Dans les moments de colère. Nous luttons contre le fascisme. Nous sommes vraiment David contre Goliath dans ce combat, n'est-ce pas ? Mais David a gagné. »

[N.d.A.] 50501, pour « 50 manifestations. 50 États. 1 mouvement », est un mouvement de contestation pacifique aux États-Unis lancé en février 2025 contre la prise de pouvoir autocratique de Donald Trump.

En quelques années, une nouvelle forme de capitalisme a émergé : le *capitalisme d'influence*, une « organisation du monde économique autour de la marchandisation de l'influence sociale et de la capacité à contrôler le niveau d'influence sociale entre individus ». Le rachat de Twitter par Elon Musk et les modifications opérées par la suite pour accroître l'influence de ses alliés et invisibiliser ses adversaires en sont un très bon exemple.

Sous l'effet du capitalisme d'influence, les démocraties deviennent des régimes *politiques instables. D'une part, ceux qui possèdent les grandes plateformes numériques ont un intérêt économique à les saturer d'influence sociale. Cette saturation rend possibles les manipulations d'opinion à des moments clés des processus démocratiques par certains acteurs. D'autre part, des acteurs hostiles aux démocraties existent. Ces derniers ont bien compris la possibilité d'agir sur nos systèmes sociaux via les infrastructures numériques et connaissent les moments les plus propices pour cela. Avec un peu de persévérance, ils arrivent à leurs fins. Enfin, ces acteurs hostiles aux démocraties exploitent des environnements numériques fermés pour contrôler les populations, ce qui leur assure une pérennité étendue et complique le retour de la démocratie. La démocratie n'est pas éternelle.

Les États-Unis ont désormais basculé dans la phase d'instauration du contrôle de leur population par la technologie. Celle-ci s'appuie sur une alliance forte entre un système *politique mafieux et des magnats de la Silicon Valley, Elon Musk en tête. Parallèlement à cela, des autocraties telles que le régime de Vladimir Poutine jouent leur partition et imposent des alliances.

Nous avons déjà identifié quelques modes opératoires de ce coup d'État numérique dans les chapitres précédents. Certains méritent un examen un peu plus approfondi pour mieux mesurer la gravité de la situation aux États-Unis, les *risques de contagion aux autres démocraties et la manière dont cette situation sera exploitée pour satisfaire l'objectif extraterrestre d'Elon Musk.

Malena-PRO-CHOICE 🌊 Fighting Tyr...
@malena.bsky.social

I just watched the Rachel @maddow.msnbc.com Interview with Daniel Berulis and I have never seen anything so compelling, brave & terrifying in my life.

I'm afraid for this man, but so blown away by his courage.

Rachel lays out the story so clearly. We have traitors in the government.

16 avril 2025 à 11:59 · Tout le monde peut répondre · Traduire

914 reposts **39** citations **2,4 k** ont aimé

99 953 2,4 k

WTPbY

@malena. bsky. social (16-04-2024)
Je viens de regarder l'interview de Daniel Berulis par Rachel @maddow.msnbc.com et je n'ai jamais rien vu d'aussi convaincant, courageux et terrifiant de ma vie. J'ai peur pour cet homme, mais je suis époustouflée par son courage. Rachel révèle cette histoire si clairement. Nous avons des traîtres au sein du gouvernement.

Le hack de l'Amérique

Daniel Berulis est informaticien employé de l'agence fédérale National Labor Relations Board (NLRB) qui protège les droits des employés du secteur privé à s'associer. Il gère un système traitant des données hautement sensibles sur les pratiques déloyales des employeurs et sur les syndicats qui les combattent. Des données qui ne sortent jamais de l'agence.

En mars 2025, des agents du DOGE font irruption sur son lieu de travail, affirmant vouloir examiner les systèmes informatiques pour vérifier leur conformité aux politiques de la nouvelle administration Trump. Objectifs affichés : réduire les coûts et maximiser l'efficacité[202].

Très vite, Berulis se rend compte que quelque chose cloche. Les agents du DOGE exigent un accès administrateur complet, réclament de travailler seuls et sans supervision, puis modifient profondément le système informatique de l'agence : création de comptes temporaires avec droits étendus, désactivation de toutes les protections et mesures de sécurité, suppression des journaux d'activité permettant de garder trace des modifications du système (*logs*), et installation de logiciels opaques. Autant de pratiques dignes d'une opération criminelle.

Peu après leur départ, une tentative de connexion depuis une adresse IP en Russie, utilisant un identifiant et un mot de passe créés par le DOGE, est néanmoins bloquée. En outre, ce qui reste du système de surveillance de la NLRB détecte une exfiltration anormale de plus de 10 Go de données vers une destination inconnue. Tout indique l'introduction d'une *backdoor* – un accès caché au système – par les agents du DOGE.

L'hypothèse se confirme lorsque l'un des jeunes ingénieurs du DOGE, Jordan Wick, rend public par erreur sur GitHub un projet nommé « NxGenBdoorExtract », dont le nom suggère une *backdoor* sur le système interne NxGen du NLRB. Pire encore, selon Berulis, l'équipe du DOGE a utilisé pour sa mission une connexion Internet Starlink plutôt que les réseaux gouvernementaux sécurisés, faisant craindre l'existence d'un pont entre les infrastructures publiques et des dispositifs d'exfiltration de données vers l'étranger[203].

Alors qu'il prépare un signalement auprès de la CISA (l'agence en charge de la cybersécurité), Berulis découvre une note menaçante sur la porte de son domicile, accompagnée d'informations personnelles – des éléments uniquement accessibles à l'administration – et d'une photo récente de lui prise par drone. Son signalement n'aboutira pas : la CISA est alors en cours de démantèlement par l'administration Trump (voir chap. « M*GA »).

Interrogés avec son avocat sur la chaîne MSNBC[204], ils expliquent que plusieurs autres agences fédérales, dont celle gérant l'arsenal nucléaire, ont été *victimes d'intrusions similaires, exposant leurs systèmes à la jungle d'Internet.

Plusieurs éléments supplémentaires font craindre un hack de l'Amérique. Par exemple, il a été révélé qu'un agent du DOGE, alias Big Balls, a travaillé pour une entreprise employant des cybercriminels recyclés, dont il a été licencié pour avoir fait fuiter des documents internes[205]. Big Balls a par le passé administré des sites Internet enregistrés en Russie et a vendu des solutions pour faire passer incognito des données d'un pays à l'autre via des « réseaux multi-encryptés transfrontaliers » commercialisés en langue chinoise.

Le DOGE est-il un cheval de Troie installant des *backdoors* sur les systèmes critiques des États-Unis : bases de données gouvernementales, machines à voter, systèmes énergétiques ?

Quoi qu'il en soit, qu'il s'agisse de malveillance, d'ingérence ou tout simplement d'incompétence, une chose est sûre : le DOGE a extrait pour la Maison-Blanche des données confidentielles – litiges syndicaux, informations personnelles et documents internes – des bases de la NLRB au nom d'une certaine idée de l'« efficacité » ; et la Maison-Blanche a bien l'intention de faire taire tous ceux qui en feraient la publicité : moins d'un mois après ces révélations, Trump signait un décret pour mettre fin au financement fédéral de la radio publique NPR qui avait révélé l'affaire[206]. Voyons maintenant de quelle efficacité il s'agit.

Donald J. Trump
@realDonaldTrump

youtube.com/live/UkZi5SIsau0?s...

www.youtube.com
President Trump Participates in a Bilateral Meeting with the President of El Salvador
The White House

4.27k ReTruths **19.7k** Likes Apr 14, 2025, 7:01 PM

jPu8S

[N.d.A.] Extrait de la rencontre bilatérale entre Donald Trump et le président du Salvador (jPu8S), Maison-Blanche, 14 avril 2025. Ce message a été posté par Donald Trump sur son réseau Truth Social. Donald Trump discute dans le Bureau ovale avec Nayib Bukele Ortez de la manière dont le président salvadorien a réussi à faire baisser drastiquement la criminalité dans son pays.

Extrait :
Nayib Bukele Ortez
Parfois [les journalistes] disent que nous emprisonnons des milliers de personnes, je dirais plutôt que nous en avons libéré des millions.

Donald Trump
Excellent ! Qui lui a donné cette punchline ? Pensez-vous que je puisse la réutiliser ?

Nayib Bukele Ortez
En fait, Monsieur le Président, vous avez 350 millions de personnes à libérer. Mais pour libérer 350 millions de personnes, il vous faut en emprisonner quelques-unes. C'est comme ça que ça marche.

L'État stochastique

Lors d'une rencontre bilatérale avec le président du Salvador le 14 avril 2025, Donald Trump a évoqué les 21 millions d'*immigrés qui, d'après lui, sont entrés illégalement aux États-Unis à cause du laxisme de ses prédécesseurs. Toujours selon Trump, un « pourcentage considérable d'entre eux étaient des criminels, parfois des criminels violents[207] », justifiant ainsi sa promesse électorale d'expulser plus de 10 millions d'immigrés durant son mandat.

Quand on sait que les nazis n'ont réussi à déporter « que » 2,7 millions de personnes sur un laps de temps comparable, on comprend le souci d'efficacité qui hante l'administration Trump et le DOGE. Fort heureusement, les nouvelles technologies promettent d'industrialiser cela à un niveau jamais atteint ; et Elon Musk avec Grok, tout comme des entreprises d'intelligence artificielle comme Palantir[208], se pressent aux portillons pour aider à nettoyer les écuries d'Augias.

Il reste cependant deux problèmes de taille. Le premier est que l'IA doit être alimentée en données pour être efficace. Le 20 mars 2025, Donald Trump a donc signé un décret (*executive order*) intitulé « Mettre fin aux gaspillages, aux fraudes et aux abus en éliminant les silos d'information[209] ». L'objectif était de donner carte blanche au DOGE pour rassembler toutes les informations des différentes administrations fédérales au sein d'une base de données géante qui permettra de tout savoir sur les Américains.

Cette étape est indispensable pour l'entraînement des IA et leur utilisation au sein du gouvernement pour des tâches comme l'automatisation de l'identification des personnels à licencier ou des personnes à expulser du territoire. D'après le *New York Times*, le DOGE serait ainsi en train de fusionner plus d'une vingtaine de bases de données de différentes agences fédérales, synthétisant plus de trois cents types de données sur les citoyens américains, des données de santé aux données financières en passant par des données biométriques, familiales, judiciaires, fiscales ou sur le niveau d'éducation. Auxquelles s'ajoutent désormais des données de NLRB sur l'activité syndicale. Voici une étape importante de franchie vers un gouvernement IA-first prôné par Elon Musk et implémenté par l'un de ses anciens ingénieurs chez Tesla, Thomas Shedd, devenu directeur des Services généraux de l'administration Trump.

Cette centralisation des données marque une rupture avec la loi sur la protection de la vie privée de 1974 qui avait privilégié la protection de la vie privée au détriment de l'efficacité. La justification était d'éviter qu'une base de données unifiée ne tombe entre les mains d'un régime autoritaire. Mais, pour l'administration Trump, rien ne justifie que l'on sacrifie l'efficacité lorsqu'elle porte sur la détection de fraudes et surtout sur l'identification en masse des personnes en situation irrégulière. Elle semble même vouloir étendre l'emprise de l'IA sur l'ensemble des Américains en lui permettant de décider qui a le droit de se connecter via *login.gov*, le service d'authentification centralisé de l'État fédéral. Ce dernier permet d'accéder à des prestations telles que la sécurité sociale[210]. Sur un coup de tête de l'IA (ou de son maître), certains pourraient ainsi à l'avenir être subitement privés de tous les accès aux services de l'État fédéral.

Le second problème est que les outils d'intelligence artificielle comportent fréquemment des biais et, pour ce qui est des modèles de langage comme Grok, donnent des réponses stochastiques qui comportent *par design* des erreurs[211]. Cela a amené plusieurs experts à alerter l'administration Trump sur les erreurs qui résulteraient d'une utilisation de l'IA dans des décisions automatisées de l'administration[212].

Mais le président Salvadorien est là pour rappeler qu'on ne fait pas d'omelette sans casser des œufs. La libération de 350 millions d'Américains vaut bien quelques pertes en ligne et les premières déportations dans les prisons du Salvador en avril 2025 ont illustré à merveille ce nouveau concept de l'administration Trump (voir chap. « Expulsions massives »). Par ailleurs, le directeur en chef des opérations, Elon Musk, ne cache pas son indifférence envers les approximations sur les données socio-démographiques[213].

Jusqu'où ira l'appétit du DOGE dopé à l'IA ? Il est désormais certain qu'il ne s'arrêtera pas aux données des agences fédérales.

Palantir @PalantirTech · Feb 6
Palantir has brought @grok to the enterprise.

Now officially available in AIP.

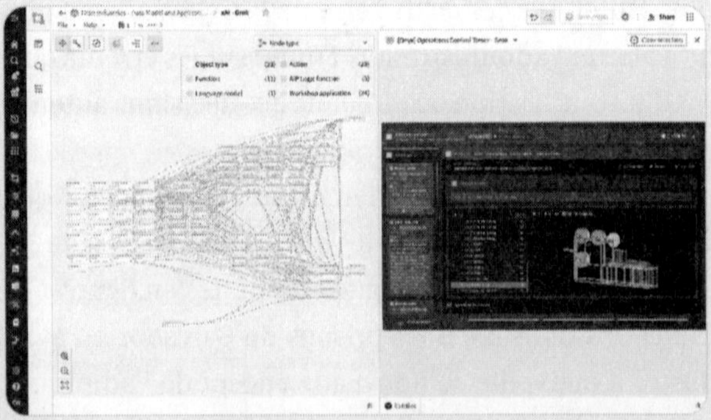

528 · 2.2K · 13K · 15M

@PalantirTech
Palantir apporte @Grok aux entreprises. Maintenant officiellement disponible dans AIP.

[N.d.A.] : Palantir est une société fondée par le milliardaire Peter Thiel spécialisée dans l'analyse de données sensibles pour le gouvernement des États-Unis. Peter Thiel, ancien associé d'Elon Musk dans PayPal et comme lui originaire d'Afrique du Sud, est un soutien financier important de la campagne 2024 de Donald Trump.

Big Musk is Watching You

L'erreur commise par Jordan Wick, en rendant quelques instants publics certains projets logiciels du DOGE, n'a pas seulement révélé le probable hacking des infrastructures fédérales états-uniennes. Roger Sollenberger, qui avait découvert cette mise en ligne, a révélé un autre projet logiciel tout aussi intrigant au nom explicite de « x-dm-downloader ». Son mode d'emploi indique qu'il s'agit d'un logiciel permettant d'extraire et de télécharger les messages directs de Twitter à partir d'une clé d'autorisation[214].

Cette fuite devrait être une alerte majeure pour tous les utilisateurs de Twitter-X, aussi bien passés que présents. Très rapidement après sa création en 2006, tous les influenceurs des sphères *politique, médiatique et citoyenne se sont approprié Twitter : élus, membres de partis, journalistes, syndicats, activistes. Beaucoup ont également utilisé sa messagerie interne appelée « direct messages » (DM) qui permettait de communiquer de manière privée entre utilisateurs. Mais ces messages n'étaient pas chiffrés et ils peuvent donc être lus par le propriétaire de Twitter-X. La découverte de ce projet logiciel du DOGE laisse donc présager l'exploitation des échanges privés de Twitter-X à des fins de surveillance, et probablement l'utilisation de Grok pour pousser d'un cran la numérisation du peuple américain et de tous les utilisateurs de Twitter-X (voir chap. « Les médias traditionnels en soins palliatifs »).

Une version bridée de Grok a été fournie gratuitement aux utilisateurs de X pour les appâter. Celle-ci permet d'analyser un petit nombre de tweets et d'URL afin d'en faire la synthèse. Mais « quand c'est gratuit, c'est vous le produit » ! Étant donné ce que nous avons vu dans cet ouvrage et l'accès aux DM, il est assez évident que Grok peut être utilisée sans aucune limite par son propriétaire et que cette IA est en train de devenir un système de surveillance de masse à l'échelle planétaire.

Cela ne fait d'ailleurs plus aucun doute depuis que Grok a été intégrée aux services de Palantir, société de Peter Thiel spécialisée dans l'analyse de données sensibles pour le gouvernement des États-Unis. Palantir, qui vend des outils d'aide à la décision, a obtenu en avril 2025 un contrat de plusieurs dizaines de millions de dollars avec l'Agence de contrôle de l'immigration et des douanes (ICE) pour « compléter l'analyse ciblée des populations connues ». L'entreprise « travaille activement sur l'infrastructure technique qui sous-tend les efforts de déportation de masse de l'administration Trump ».

Une application de l'IA qui a déjà fait plusieurs *victimes collatérales[215], dont probablement des touristes étrangers. Début 2025, plusieurs touristes ont en effet été détenus sans raison apparente, parfois plusieurs semaines, dans des centres ou des cellules d'isolement de la police aux frontières[216]. Il faut dire qu'ils venaient de pays à risque : Canada, Allemagne, Royaume-Uni…

X or not X, that is the question

La revente des données utilisateur de X à des services d'IA pour la surveillance et le paramétrage de ses algorithmes pour influencer l'opinion (voir la partie « Twitter ») sont des pratiques potentiellement illégales dans plusieurs pays. Par exemple, en Europe, plusieurs procédures étaient en cours contre X pour ces raisons au moment d'écrire ces lignes[217].

Cependant, trois mois après la prise de contrôle du DOGE sur les infrastructures numériques américaines, aucun gouvernement européen n'avait mis en garde ses citoyens contre l'utilisation de X et des services de la Silicon Valley, les dirigeants européens préférant la voie de la régulation et la voie judiciaire pour tenter d'imposer leur volonté. Même s'il est louable de défendre l'État de droit, il n'est pas certain qu'Elon Musk, qui a déjà à maintes reprises montré son mépris pour les régulateurs (49CIp), se sente intimidé. Cela ne menace pas son objectif premier de conquête de l'espace et il a la garantie que toute mesure forte prise par l'Europe contre X suscitera des mesures de rétorsion géopolitiques dissuasives. Durant la campagne présidentielle de 2024, le vice-président J. D. Vance a même menacé l'Europe d'un arrêt des financements de l'OTAN par les États-Unis si elle essayait de réguler les plateformes d'Elon Musk[218]. Avec la Russie en guerre à ses portes, l'Europe ne peut pas se le permettre, même à moyen terme.

49Clp

@ThierryBreton (12-08-2024), évoquant la prochaine interview de Trump par Elon Musk sur X
Une grande audience implique une plus grande responsabilité #DSA
Comme il y a un *risque d'amplification de contenus potentiellement nuisibles dans l'UE en relation avec des événements ayant une audience mondiale, j'ai envoyé cette lettre à @elonmusk.

@elonmusk
Pour être honnête, je voulais vraiment répondre avec ce mème de Tonnerre sous les tropiques, mais je ne ferais JAMAIS quelque chose d'aussi grossier et irresponsable !

[N.d.A.] Le mème posté par Elon Musk est légendé : « Recule d'un grand pas… et littéralement, mets-toi la tête dans le cul ! »

Face à la nouvelle configuration géopolitique post-Biden, l'Europe a lancé un réarmement d'urgence pour 800 milliards d'euros. Mais il est illusoire de vouloir ainsi se protéger militairement si l'on ne traite pas la dimension cognitive et informationnelle de la menace et les *risques que fait peser la vassalisation technologique de l'Europe vis-à-vis des autocraties[219]. Il y a donc urgence. Les États-Unis nous ont en effet montré que le temps de la régulation est parfois plus long que celui de la destruction de la démocratie. Les responsables *politiques pourraient se révéler un jour avoir péché par orgueil et moralité, et se retrouver sous le joug d'un régime autoritaire qui menace de les envoyer en prison[220].

Pour les citoyens et acteurs impatients de protéger leur vie privée et la démocratie, rien ne les empêche d'investir d'autres réseaux sociaux, mais comme nous l'avons vu au chapitre « Ligne rouge », Elon Musk met tout en œuvre pour les contraindre à rester sur X. Il met notamment un point d'honneur à aller à l'encontre des recommandations de l'Union européenne sur la portabilité effective des données, une fonctionnalité clé qui permettrait aux utilisateurs de choisir comme bon leur semble leur opérateur de réseau social sans craindre de perdre leurs données et leur audience[221].

La portabilité des données est pourtant essentielle à la concurrence entre réseaux sociaux qui est à l'avantage des utilisateurs. C'est l'équivalent pour la téléphonie de la possibilité de changer d'opérateur téléphonique sans perdre son numéro de téléphone, ses SMS ou son carnet d'adresses, une possibilité qui a été imposée par la loi quelques années après le début de la téléphonie mobile.

Twitter-X appartient à l'ancien monde des réseaux sociaux. Il est l'équivalent pour les réseaux sociaux d'un ancien opérateur téléphonique : son modèle économique est fondé sur la captation des données des utilisateurs et de leurs audiences sur lesquelles Elon Musk a tout pouvoir. Mais ce n'est pas une fatalité !

Nouvelle ère numérique

Pour ne pas risquer de devenir une menace pour la liberté d'*expression et la démocratie, un réseau social doit garantir au moins trois principes fondamentaux : la portabilité des données (qui permet à un utilisateur de changer facilement d'opérateur sans perte de données), le pluralisme algorithmique (qui donne le choix de la manière dont le filtrage de l'information est personnalisé) et la décentralisation (qui protège contre l'appropriation par un seul acteur).

X ne garantit aucun de ces trois principes. Si vous n'êtes pas content de la politique d'Elon Musk, vous n'avez d'autre choix que de recommencer votre vie numérique à zéro ailleurs. Jusqu'à récemment en tout cas pour ce qui est de l'Europe.

Dans le sillage des recommandations européennes, certains services tiers ont émergé pour compenser l'absence de portabilité effective des données sur les grands réseaux sociaux. Ils permettent aux utilisateurs de répliquer leur environnement social sur d'autres plateformes numériques qui respectent ces trois principes[222]. Mais quelles sont-elles ?

Beaucoup s'interrogent sur l'absence de réseaux sociaux européens du calibre de X, Facebook, LinkedIn ou Instagram. Ils existent pourtant, mais nous ne les voyons pas car nous sommes conditionnés pour penser dans les termes de l'ancien monde

HIWke

[N.d.A.] Ce message a été posté par EscapeX au sein de l'écosystème numérique Fediverse/Mastodon par un compte hébergé par l'opérateur piaille.fr. Il annonce la possibilité d'utiliser OpenPortability pour retisser les connexions entre utilisateurs sur Mastodon à l'identique de celles présentes sur X.
À la suite de la victoire de Donald Trump, plusieurs mouvements citoyens ont alerté des dérives de X, comme entre autres HelloQuitteX en France, Vámonos Juntas en Espagne, LeaveX en Italie ou SciXit en Allemagne. Ils se sont regroupés dans le mouvement international EscapeX en mars 2025.

numérique. Un monde centralisé où certains grands acteurs fournissent, grands seigneurs, des services à l'ensemble de la population en contrepartie de ses données.

Or, un espace numérique européen est à portée de main. Une nouvelle génération d'infrastructures numériques a vu le jour, qui intègre par conception des garde-fous contre les dérives autoritaires évoquées dans le cas de Twitter-X. Leur secret est de s'appuyer sur des protocoles ouverts, équivalents de http:// pour Internet ou smtp: pour le mail. Dans le cas des médias sociaux, le protocole consiste à se mettre d'accord sur la manière de publier un contenu en ligne et de le partager entre utilisateurs. À partir de ces conventions, tout acteur peut imaginer un service de réseau social et même l'héberger sur son propre serveur. Le protocole étant commun, les utilisateurs peuvent communiquer et s'abonner les uns aux autres quel que soit l'opérateur de réseau social qu'ils auront choisi.

C'est le principe de l'écosystème numérique Fediverse[223] qui intègre des plateformes de microblogging telles que Mastodon (alternative à X), de publication de vidéos telles que PeerTube (alternative à YouTube et TikTok) ou d'images telles que Pixelfed (alternative à Instagram). Toutes s'appuient sur le même protocole ouvert ActivityPub.

Concernant Mastodon, vers lequel ont déjà migré des centaines de milliers d'utilisateurs de X, plus de 10 000 opérateurs-hébergeurs font aujourd'hui écosystème. Chacun a ses propres règles de modération, ses conditions d'accès (certains hébergeurs sont gratuits, d'autres payants) et parfois des fonctionnalités *ad hoc*. Les utilisateurs sont libres de circuler entre opérateurs en fonction de l'offre qui leur convient le mieux et quelques clics suffisent à migrer audience et données d'un opérateur-hébergeur à l'autre.

Il n'y a par ailleurs aucun *risque de prédation du Fediverse ou de Mastodon par un milliardaire car personne ne peut racheter le protocole ActivityPub, pas plus qu'on ne peut racheter http://.

Mais il faut surtout retenir qu'il s'agit d'un nouveau paradigme pour nos mondes numériques. Personne ne pouvait imaginer au début des années 1990 ce qu'allait devenir Internet avec l'invention de http://. De même, il est aujourd'hui difficile d'imaginer ce qui se développera par-dessus ActivityPub ou d'autres protocoles ouverts. Laissons le potentiel d'innovation nous surprendre.

Toujours est-il qu'il reste une barrière à cette transition vers de nouveaux mondes numériques : l'adoption massive des utilisateurs. Elon Musk et le reste de la Silicon Valley comptent sur le manque d'initiative de leurs utilisateurs : chacun attend que les autres fassent le pas pour ne pas arriver seul dans ces nouveaux environnements. Reste à savoir si le citoyen qui dort en chaque utilisateur leur donnera raison ou s'il fera le choix de l'indépendance numérique, de la liberté d'*expression et de la démocratie. Des services de portabilité comme OpenPortability[224] peuvent les aider à faire le pas. Chiche ?

Le péril des IA wokes

Pour Elon Musk, la direction du DOGE n'est qu'une étape nécessaire pour accélérer sa course à la conquête spatiale. Après avoir désorganisé plusieurs agences fédérales qui régulaient les secteurs de ses entreprises X, Tesla ou SpaceX[225] il a maintenant les coudées franches, les régulateurs mettront des années à s'en remettre.

Pour imaginer quelles seront ses prochaines étapes, il est indispensable de réaliser que toutes les entreprises innovantes qu'il dirige développent des technologies à double usage : terrien et extraterrestre. SpaceX vise autant à mettre des satellites en orbite qu'à construire un vaisseau capable d'aller sur Mars. Starlink permet de développer des services satellitaires sur Terre, mais il faudra bien installer Internet sur Mars pour guider des engins dans les vastes plaines martiennes. Les voitures Tesla ont été présentées comme écologiques, mais l'électrique est indispensable sur une planète sans atmosphère. Leur version tout-terrain, le cybertruck « conçu pour tous les univers », est destinée également à des environnements martiens. Tesla fabrique désormais des robots humanoïdes, marché à fort potentiel sur Terre, mais également indispensables pour accélérer la construction d'une ville sur Mars. X est un réseau social qui a été absorbé par xAI, sa compagnie d'intelligence artificielle. À côté de l'explosion

Elon Musk
@elonmusk

This is what I mean by the woke mind virus. The more I learn, the more insidious and deadly it appears.

Maybe the biggest existential danger to humanity is having it programmed into the AI, as is the case for every AI besides @Grok. Even for Grok, it's tough to remove, because there is so much woke content on the internet.

For example, when other AIs were asked whether global thermonuclear war or misgendering was worse, they picked the latter. The existential problem with that extrapolation is that a super powerful AI could decide that the only 100% certain way to stop misgendering is to kill all humans ...

> **Mario Nawfal** @MarioNawfal · Feb 26
>
> ELON: THE WOKE MIND VIRUS IS CREATING AN ARTIFICIAL MENTAL CIVIL WAR
>
> "To summarize the woke mind virus, it consists of creating very, very divisive identity politics. ...
>
> Show more

3:27 PM · Feb 26, 2025 · **13.7M** Views

12K · 32K · 125K · 10K

Gz6Eo

des usages de l'IA sur Terre, l'IA sera nécessaire pour piloter les robots et machines qui serviront à coloniser Mars, notamment en démultipliant les capacités de la petite colonie humaine à travailler dans des environnements hostiles.

Sur Terre, selon les objectifs à dix ans d'Elon Musk résumés par l'un de ses plus proches ingénieurs (MmVfB), l'IA sera devenue plus intelligente que l'homme le plus intelligent, des milliards de robots humanoïdes s'occuperont de notre quotidien et les voitures seront autopilotées 90 % du temps. Pour Mars, l'objectif est une colonisation dès 2030 avec une première mission en 2026 « lorsque s'ouvrira la prochaine fenêtre de transfert Terre-Mars » (FXMqF).

Mais pour que ses entreprises atteignent leur plein potentiel pour la colonisation de Mars, Elon Musk a besoin de contrôler certains aspects de la vie sur Terre. En premier lieu, il faut éviter ce qui serait d'après lui « le plus grand danger existentiel pour l'humanité » : que le virus mental woke soit programmé dans les IA (Gz6Eo). Autant dire qu'Elon Musk n'est pas près de laisser les terriens tranquilles.

▶ @elonmusk (26-02-2025)
C'est ce que j'entends par le virus mental woke. Plus j'en apprends, plus il semble insidieux et mortel. Le plus grand danger existentiel pour l'humanité est peut-être qu'il soit programmé dans l'IA, comme c'est le cas pour toutes les IA à l'exception de @Grok. Même pour Grok, il est difficile de l'éliminer, car il y a beaucoup de contenus wokes sur l'Internet. Par exemple, lorsqu'on a demandé à d'autres IA ce qui était pire entre une guerre thermonucléaire mondiale et une erreur de *genre, elles ont choisi cette dernière. Le problème existentiel de cette extrapolation est qu'une IA surpuissante pourrait décider que le seul moyen sûr à 100 % d'arrêter les erreurs de *genre est de tuer tous les humains...

[N.d.A.] Il est faux que les IA du commerce préfèrent une guerre thermonucléaire à une erreur de *genre.

Collin Rugg
@CollinRugg

NEW: Elon Musk introduces an army of Optimus robots, says people will be able to buy them to complete tasks.

Epic.

Musk then said attendees could walk up to the Optimus robots who would do things like serve drinks.

"At scale, you should be able to buy an Optimus robot for $20,000 - $30,000."

"It can walk your dog, mow your lawn, get the groceries, just be your friend."

5:32 AM · Oct 11, 2024 · **9.3M** Views

6.9K 8.5K 35K 7.2K

HwVPi

Remigration économique

L'une des étapes les plus ambitieuses vers la conquête martienne est probablement la conception de robots humanoïdes autonomes. Inspiré par Douglas Adams et Isaac Asimov, Elon Musk rêve d'un monde où les robots seront produits par millions et feront partie du quotidien de chacun. Il prédit ainsi que le robot de Tesla Optimus « sera votre grand ami, s'occupera de votre maison, tondra la pelouse, promènera votre chien, éduquera vos enfants et fera du baby-sitting[226] ». Cette vision du monde a été présentée aux investisseurs en octobre 2024 lors de l'événement Tesla « We, robot ». En début de soirée, une douzaine de robots humanoïdes Optimus ont débarqué au milieu d'une foule ébahie (u9ewb). Certains se sont mis au bar pour servir les invités, d'autres s'y sont mélangés pour converser et même danser avec eux.

▶ @CollinRugg (11-10-2024)
NOUVEAU : Elon Musk présente une armée de robots Optimus et affirme que les gens pourront les acheter pour leur faire accomplir différentes tâches. Épique.
Elon Musk a ensuite indiqué que les participants pourraient s'approcher des robots Optimus qui feraient des choses comme servir des boissons.
« Une fois la production passée à l'échelle, vous devriez pouvoir acheter un robot Optimus pour 20 000 à 30 000 dollars. Il peut promener votre chien, tondre votre pelouse, faire vos courses, être votre ami. »

Projetés dans le futur, les participants ont activement relayé sur X ce moment historique où les robots avaient atteint le niveau de socialité des humains (HwVPi). Mais quelques jours plus tard, ces derniers se sont révélés avoir été pilotés à distance par des opérateurs, notamment pour ce qui concerne la conversation et certaines gestuelles[227].

Les avancées du robot Optimus de Tesla sont impressionnantes. Il est cependant peu probable qu'Optimus atteigne le niveau d'autonomie et de polyvalence rêvé. Il y a en effet une impossibilité théorique à la conception d'une intelligence artificielle généraliste (IAG) capable de s'adapter à toutes situations[228]. Or un robot doté d'une IAG est nécessaire même pour faire du baby-sitting, activité dont les parents savent qu'elle ne vous met pas à l'abri de situations imprévisibles et complexes. Une erreur dans ce domaine est un *risque réputationnel majeur qu'aucune marque ne peut se permettre.

En revanche, l'événement « We, robot » préfigure peut-être un nouveau modèle économique pour Tesla qui prendrait tout son sens dans le sillage des actions du DOGE. Remplacer des travailleurs humains par des robots semi-autonomes présente certains avantages en termes de main-d'œuvre. Un robot semi-autonome assisté d'un opérateur humain pourra accomplir les tâches les plus complexes sans risque de sortie de route, même en cas d'imprévus. Dès que l'IA atteindra ses limites, un humain pourra reprendre le contrôle à distance. Le réseau Starlink, qui vise une latence (temps de transmission des données entre un transmetteur et un récepteur de signal) en dessous de 20 millisecondes (ms) aux États-Unis (9mT7Q), permettra aux opérateurs de prendre le contrôle du robot de manière fluide et en tout point du territoire.

L'avantage de ce modèle économique est de rendre possible l'embauche d'opérateurs résidant à des centaines de kilomètres du lieu de travail du robot, dans des pays aux bas salaires et à la législation sociale arrangeante. Les opérateurs de robots seront interchangeables en quelques secondes et ils pourront instantanément être « désactivés » en cas de contestation. Que rêver de plus pour l'employeur ? À l'heure où l'Amérique se débarrasse de ses immigrés, pourtant indispensables pour faire tourner l'économie dans un grand nombre de secteurs sous-payés, les remplacer par des robots opérés depuis les pays d'immigration est un pari raisonnable. Des humanoïdes à tout faire seront probablement accessibles aux Américains pour moins de mille dollars par mois[229].

Tesla Owners Silicon Valley
@teslaownersSV

#teslatakeover light show was on another level with the Cybertruck design and 172 Teslas. I've never experienced anything like this and I've realized the Tesla community is unlike anything you'll ever be a part of. @mayemusk @TeslaClubAT @Teslalightshows

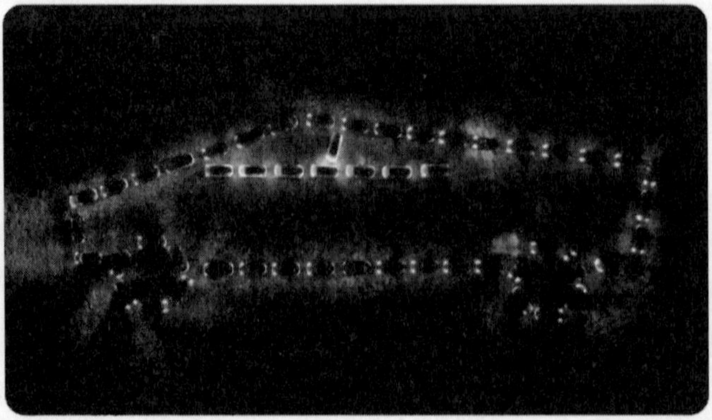

4:20 AM · Aug 5, 2023 · **314.9K** Views

73 163 748 42

7JQXY

@teslaownersSV (05-08-2023)
Le spectacle lumineux #teslatakeover était d'un autre niveau avec le design du Cybertruck et les 172 Tesla. Je n'ai jamais rien vécu de tel et j'ai réalisé que la communauté Tesla ne ressemble à aucune autre. @mayemusk @TeslaClubAT @Tesla-lightshows

Votre voiture, meilleure amie d'Elon ?

Les voitures électriques produites par la firme Tesla d'Elon Musk n'ont pas de secret pour leur constructeur. Entièrement automatisées et dotées d'un autopilote, elles peuvent être contrôlées à distance et en temps réel jusqu'au moindre clignotant, comme l'a démontré le #teslatakeover light show, littéralement le « show lumineux de la prise de contrôle sur les Tesla ». Cela peut toujours servir. Les criminels identifiés par IA se verront peut-être un jour conduire automatiquement, par leur propre voiture verrouillée, au poste de police le plus proche. Les Tesla se conduisent déjà bien toutes seules de leur usine de fabrication jusqu'à leur place sur le quai de chargement (iSyAT).

Un nouveau modèle économique pourrait se développer autour des voitures Tesla au nom d'une lutte contre la criminalité chère à l'administration Trump. Tesla prévoit de commercialiser d'ici 2026 le *cybercab*, un robot-taxi autonome[230]. Les villes du futur pourraient ainsi être quadrillées 24 heures sur 24 par des voitures autonomes. Or chaque Tesla dispose d'une demi-douzaine de caméras qui filment l'environnement du véhicule à 360 degrés. Leurs images sont analysées en temps réel par une IA pour détecter des obstacles sur la route. Mais, depuis 2019, y compris quand la voiture n'est pas utilisée, ces caméras peuvent être activées en mode sentinelle, une vidéosurveillance permettant de protéger la voiture en cas de vandalisme, pratique pourtant interdite dans certains pays comme la France[231].

Pourquoi alors ne pas interconnecter toutes les caméras de toutes les Tesla afin d'en faire un gigantesque réseau mondial de vidéosurveillance ? C'est techniquement possible. C'était, par exemple, une pratique courante entre employés de Tesla, au moins de 2019 à 2022, de partager sur la messagerie interne de l'entreprise des vidéos « divertissantes » issues de voitures de particuliers, par exemple, un propriétaire approchant son véhicule complètement nu ou un enfant à bicyclette se faisant écraser par une Tesla à pleine vitesse[232]. Par ailleurs, il y a un vrai engouement des forces de l'ordre pour les vidéos de Tesla. La police d'Oakland a par exemple pris l'habitude de recenser les voitures du constructeur près des scènes de crimes, allant même jusqu'à les saisir pour s'assurer l'accès aux enregistrements vidéo[233].

Elon Musk résistera-t-il à la tentation d'interconnecter tous les *cybercabs* pour exploiter leurs vidéos au sein d'un service payant de vidéosurveillance ? Ce serait tellement plus efficace d'un point de vue financier et sécuritaire ! De nombreux propriétaires de Tesla accepteraient probablement de faire partie de ce réseau en échange de menus avantages, et une mise à jour avec un système de reconnaissance faciale permettrait d'optimiser le tout en une seule nuit. En option, les flottes de robots-taxi pourraient même se déplacer à la demande dans les zones où une vidéosurveillance serait ponctuellement requise, par exemple en prévision d'une manifestation. Deal ?

Quant à Donald Trump, le CLOUD Act[234] permet à son administration d'avoir accès aux enregistrements vidéo de l'ensemble du parc Tesla américain, y compris à l'étranger, sans avoir à passer par la voie juridique et sans en informer les utilisateurs. Et il permet également à certains gouvernements étrangers de faire de même[235].

Dr. Harmony (Patsy Evans Ph.D.)
@drharmony.bsky.social

DOGE gave ALL of our personal information to Russia... all of OUR information via Elon's STARLINK

Elon replace all the WH satellites to STARLINK
He sabotaged Ukraine with his Starlink Satellites
We are in danger #revolution2025

17 avril 2025 à 00:21 · Tout le monde peut répondre · Traduire

77 reposts **11** citations **141** ont aimé

17 88 141

idHWT

@drharmony. bsky. social (17-04-2025)
DOGE a donné TOUTES nos informations personnelles à la Russie... toutes NOS informations via STARLINK d'Elon. Elon remplace tous les satellites WH par STARLINK. Il a saboté l'Ukraine avec ses satellites Starlink. Nous sommes en danger #revolution2025.

La tête dans les étoiles mais les pieds sur Terre

L'un des avantages concurrentiels des robots Tesla, humanoïdes ou motorisés, est probablement leur connexion satellite privilégiée à Starlink, qui leur permet d'évoluer à peu près partout. La garantie de cette connexion est fondamentale tant pour des usages civils que militaires.

En mars 2025, après six ans d'activité, Starlink opérait une flotte de 7 135 satellites, soit plus de 60 % de l'ensemble des satellites en circulation[236]. À titre de comparaison, l'humanité avait jusqu'alors envoyé 6 800 satellites en tout et pour tout depuis le début de son aventure spatiale.

Starlink est un puissant outil de pression géopolitique (voir chap. « Woke War III ») et de négociation (voir chap. « Muskloni »). Mais cette entreprise permet aussi à Elon Musk d'étendre son influence en s'attirant les bonnes grâces de chefs d'État. À la demande de Vladimir Poutine qui cherchait à obtenir les faveurs du président chinois Xi Jinping, Elon Musk aurait ainsi accepté de ne pas déployer Starlink au-dessus de Taïwan, pays pourtant menacé de black-out informationnel par la République populaire de Chine. Une vraie chaîne d'allégeances. Les Taïwanais n'ont plus qu'à développer leur propre flotte de satellites[237].

Mais ce qui donnera à terme le plus grand pouvoir au propriétaire de Starlink viendra peut-être d'un déploiement on ne peut plus conventionnel. Starlink est déjà une offre commerciale quasi irrésistible. À partir de 40 euros par mois, et compte tenu de l'achat d'un terminal portable à moins de 300 euros, les abonnés Starlink ont l'assurance d'une connectivité Internet dans plus de cent pays, où qu'ils soient. Un prix imbattable pour celles et ceux qui, par exemple, ont plusieurs abonnements Internet pour différents lieux de vie ; et une offre incontournable pour ceux qui habitent en zone blanche. Même si le débit de Starlink est moindre que celui de la fibre, ce qui pourra toujours changer, l'entreprise devrait conquérir des parts de marché importantes. Cela donnera un pouvoir considérable à Elon Musk et aux États-Unis qui auront la possibilité de couper en quelques secondes une bonne partie des télécommunications dans n'importe quelle zone du globe, au mètre près.

De leur côté, les infrastructures physiques fondées sur la fibre, perdant des usagers, deviendront de moins en moins rentables, possiblement jusqu'à leur disparition. Si cela devait arriver pour certains États, le choix de Starlink comme principal opérateur de télécommunication serait une vassalisation totale. À l'ère où tout repose sur Internet, quel dirigeant pourrait résister à la menace d'une coupure générale ?

À cela s'ajoute le fait que, d'ici quelques années, le flux de données de centaines de millions de terriens passera par Starlink. Une mine d'or ! Certains États, privés de leurs traditionnels hacks de câbles sous-marins[238], ne manqueront pas de se tourner vers Starlink pour négocier des accès.

Tous ces éléments donnent à Elon Musk une position centrale sur l'échiquier géopolitique et la perspective de la mainmise par Starlink sur une partie du flux de données mondial donne des frissons à plus d'un état-major.

Certains États préparent déjà la contre-offensive. Ainsi, par exemple, les satellites Starlink sont dans le viseur des missiles antisatellites Nudol de la Russie en cours de test, ainsi que des lasers surpuissants installés sur les sous-marins de l'Armée populaire de libération marine chinoise[239]. Des menaces qui aident les autocrates russes et chinois à obtenir la collaboration d'Elon Musk sur des dossiers sensibles[240] (voir chap. « M.A.D. »).

Pour celles et ceux qui ne sont pas friands de télécommunications, sachez que Starlink vous concerne néanmoins très directement. La durée de vie d'un satellite Starlink est de cinq ans. Avec un objectif de 30 000 satellites en circulation[241], ce seront en moyenne près de 17 satellites par jour qui tomberont dans l'atmosphère. Outre le fait que les experts en sécurité des vols spatiaux considèrent désormais Starlink comme la première source de *risque de collision en orbite terrestre, les scientifiques alertent sur les conséquences imprévisibles de ces désorbitations massives sur le climat. Entre-autres, elles pourraient causer la destruction de la couche d'ozone par les oxydes d'aluminium issus de la décomposition des satellites[242].

Risquer de rendre en quelques années l'espace impraticable et la Terre invivable, voilà une sacrée conception de l'efficacité ! Mais tant qu'on a Internet sur Mars...

DogeDesign... @cb_do... · Oct 28, 2024

This picture wins the internet today.

697 4.4K 28K 269K

Elon Musk

@elonmusk

Foundation -> Terminus

2:06 AM · Oct 28, 2024 · **156K** Views

284 267 1.6K 58

jVqv9

@cb_doge (28-10-2024)
Cette photo a gagné l'Internet aujourd'hui.

@elonmusk
Foundation -> Terminus

Nous n'irons pas sur Mars

En allant sur Mars, Elon Musk est sur le point de réaliser son rêve d'enfant. Cela le libérera-t-il de ses angoisses existentielles ? Rien n'est moins sûr.

L'idée que la vie puisse se transporter de la Terre vers une autre planète sans atmosphère est on ne peut plus fantaisiste. La vie n'est pas simplement une collection d'êtres qui se reproduisent du moment qu'ils ont assez de nourriture et d'énergie pour le faire. La vie est un système complexe formé d'une infinité de sous-systèmes interdépendants qui se sont mutuellement stabilisés au cours d'une coévolution de centaines de millions d'années[243]. Certains défendent même l'idée qu'il faille considérer la Terre dans son ensemble comme un être vivant (hypothèse Gaïa), l'atmosphère étant elle-même, d'après cette théorie, le produit de cet être vivant[244].

Mais il n'est pas nécessaire de croire à la théorie Gaïa pour arriver à la conclusion que la vie sur Mars ne sera pas autonome avant longtemps. Par conséquent, les *risques d'extinction de la vie sur la planète rouge seront de plusieurs ordres de grandeur supérieurs aux *risques d'extinction de la vie sur Terre puisque la vie n'y aura aucune capacité de résilience.

Cela veut dire que la présence d'êtres humains sur Mars sera insignifiante dans la réduction des risques existentiels qui inquiètent Elon Musk. En revanche, elle pourrait bien augmenter très significativement la probabilité d'extinction de la vie sur Terre, et ce pour au moins deux raisons.

La première est que, selon plusieurs indicateurs, le mode de vie actuel de l'humanité est en train de provoquer la sixième extinction de masse sur Terre[245] tout en rapprochant le système climatique d'un point de bascule[246]. Là est le *risque existentiel majeur à court terme pour l'humanité et non l'aspect monoplanétaire de la vie. Essayer d'apporter la vie sur un caillou sans atmosphère alors que nous ne sommes pas encore capables de nous occuper de notre planète malade de notre hubris, c'est se tromper de cible. Nous avons besoin de toutes les forces vives sur Terre pour en prendre soin. L'énergie dépensée par les hommes les plus riches du monde pour des objectifs extraterrestres n'est ni un bon signal ni efficace du point de vue de la préservation de la vie.

La seconde raison pour laquelle la conquête de Mars risque d'accroître le *risque existentiel pour l'humanité est liée à la doctrine nucléaire actuelle (voir chap. « M.A.D. »). Celle-ci n'est valable que si aucune puissance nucléaire n'a la possibilité de mettre à l'abri une partie de sa population d'une éventuelle destruction totale de la planète. Or c'est précisément ce que permettrait la construction d'une ville sur Mars. « Terminus » ne permettra pas le maintien de la vie sur le long terme, mais elle pourrait donner l'illusion d'un refuge en cas d'hiver nucléaire de quelques décennies à l'alliance militaire qui y aura accès. Même après un hiver nucléaire, la Terre serait toujours plus hospitalière que Mars et une recolonisation serait possible. L'Armageddon ne serait donc plus un obstacle au déclenchement du feu nucléaire. C'est d'ailleurs peut-être pour cette raison que la course à la conquête de Mars démarre sur les chapeaux de roues avec plusieurs pays, dont la Russie, qui veulent à tout prix en être. Il y a fort à parier que les occupants de la planète rouge s'équiperont rapidement d'installations militaires capables d'anéantir les autres colonies. Avec des temps de communications entre les centres de commandement terrestres et martiens de l'ordre d'une vingtaine de minutes et des temps de transfert physique Terre-Mars d'au minimum cent quatre-vingts jours, cela promet de beaux dilemmes stratégiques.

La conquête de Mars n'est donc pas une solution aux *risques existentiels qui menacent l'humanité car le principal risque, c'est nous-mêmes, et ce *risque sera exporté partout où les humains iront. Une fois dégrisés de leur arrivée sur la planète rouge, il y a fort à parier qu'un peu de vert et d'air frais vont vite manquer aux colons qui se demanderont ce qu'ils sont bien allés faire dans cette galère.

Vous avez plus de pouvoir que vous ne le pensez

Avant de monter les marches du perron du palais présidentiel taïwanais, les visiteurs et les agents de l'État ne peuvent manquer l'écriteau au sol du titre de la chanson de John Lennon « Power to the people » (Le pouvoir au peuple).

Taïwan, qui depuis sa création vit sous la menace d'un régime autoritaire, nous envoie ce message : la meilleure façon de lutter contre les régimes autoritaires est de rappeler chaque jour la valeur de la démocratie.

La défense de la démocratie n'est pas une sinécure car elle ne peut se passer d'efforts à long terme sur l'éducation et la formation des citoyens à l'esprit critique.

Or l'éducation est la première institution visée par les aspirants autocrates. Donald Trump, qui déclarait en 2016 « J'aime les gens peu instruits[247] », s'est par exemple empressé de le prouver en démantelant le département fédéral de l'éducation dès le début de son deuxième mandat[248].

Le coup d'État numérique aux États-Unis est en train de projeter l'humanité dans le mur de ses pires *risques existentiels. Outre les violations des droits humains, la négation par l'administration Trump de la science et de toutes ses alertes concernant le dépassement des limites planétaires est on ne peut plus dangereuse. Elle appelle à un sursaut et à une prise de conscience urgente : les infrastructures numériques ne sont jamais neutres. Dans leur code est inscrit une vision *politique de la société qui s'impose tôt ou tard.

Pour défendre la démocratie dans ce contexte, une réponse tout aussi inédite doit commencer par ce constat : les services numériques utilisés pour manipuler l'opinion et faire tomber les démocraties n'ont d'influence sur nos vies que parce que nous les utilisons. Heureusement, contrairement aux routes, aux ponts et autres grandes infrastructures physiques, il est facile d'en changer, voire de s'en passer.

À contre-courant du rouleau compresseur de la Silicon Valley, la communauté du logiciel libre s'est employée depuis de nombreuses années à développer des outils numériques d'émancipation et de coordination collective. Il ne tient qu'à nous de les utiliser : réseaux sociaux libres, services de courriel indépendants des GAFAM, messageries décentralisées et cryptées, moteurs de recherche sans traqueurs ni publicités.

Changer nos habitudes ne prendra qu'une minute. Si chacun fait sa part, dès demain, nous pourrions vivre dans un monde numérique compatible avec la démocratie, et grâce auquel deviendra possible une réponse collective à l'hubris de quelques-uns.

Le choix des outils numériques d'aujourd'hui détermine les régimes politiques de demain.

$$2B \gg !!2B$$

Perron du palais présidentiel taïwanais
Entrée visiteurs (2024)

Comme il est merveilleux
que personne n'ait besoin d'attendre
un seul instant avant de commencer
à améliorer le monde !

Anne Frank

LES MOTS TABOUS SOUS DONALD TRUMP

Voici les premiers mots déclarés comme tabous par l'administration Trump en 2025. Ils ont été recensés par des journalistes du *New York Times* (d9qB1) qui ont eu accès aux mémos internes de ses services (liste complète accessible sur http://musk.chavalarias.org).

- accessible
- activism
- activists
- advocacy
- advocate
- advocates
- affirming care
- all-inclusive
- allyship
- anti-racism
- antiracist
- assigned at birth
- assigned female at birth
- assigned male at birth
- at risk
- barrier
- barriers
- belong
- bias
- biased
- biased toward
- biases
- biases towards
- biologically female
- biologically male
- BIPOC
- Black
- breastfeed + people
- breastfeed + person
- chestfeed + people
- chestfeed + person
- clean energy
- climate crisis
- climate science
- commercial sex worker
- community diversity
- community equity
- confirmation bias
- cultural competence
- cultural differences
- cultural heritage
- cultural sensitivity
- culturally appropriate
- culturally responsive
- DEI
- DEIA
- DEIAB
- DEIJ
- disabilities
- disability
- discriminated
- discrimination
- discriminatory
- disparity
- diverse
- diverse backgrounds
- diverse communities
- diverse community
- diverse group
- diverse groups
- diversified
- ...

POUR UN MONDE LIBRE

Voici quelques alternatives aux GAFAM développées sous logiciels libres. Ces logiciels sont gratuits, leur code source est public et ils peuvent même être modifiés par quiconque souhaiterait les adapter à des besoins spécifiques. Les plateformes sont quant à elles en général sans publicité. Pensez à faire des dons quand vous en avez les moyens pour maintenir leurs écosystèmes et aider à améliorer ces logiciels.

Micro-blogging. Mastodon, libre et décentralisé (Fediverse) est une alternative à X ex-Twitter (xAI) ou Thread (Meta). La plateforme OpenPorta bility.org assure la portabilité des connexions sociales de X vers Mastodon ou BlueSky. Elle fait partie du projet éponyme de l'Institut des systèmes complexes de Paris Île-de-France (CNRS). La plateforme BlueSky s'appuie elle aussi sur un protocole ouvert mais n'est pas encore pleinement décentralisée.
Macro-blogging. Zap, Friendica ou Diaspora (Fediverse), libres et décentralisés, sont des alternatives à Facebook (Meta) et LinkedIn (Microsoft).
Partage d'images. Pixelfed, libre et décentralisé (Fediverse), est une alternative à Instagram (Meta).
Partage de vidéos. PeerTube, libre et décentralisé (Fediverse), est une alternative à YouTube (Alphabet) ou TikTok (ByteDance).
Messagerie instantanée. Signal (libre, crypté mais centralisé) ou Element/ Matrix (libre, crypté, décentralisé) sont des alternatives à WhatsApp (META) ou Messenger (META).

Pour les autres alternatives sous logiciels libres aux logiciels et plateformes de la vie courante, voir http://musk.chavalarias.org

REMERCIEMENTS

Le 20 janvier 2025, au moment même où Elon Musk faisait son salut controversé devant la foule rassemblée pour l'investiture de Donald Trump (voir chap. « On a le salut qu'on mérite »), je donnais une conférence sur l'influence de X et de son propriétaire sur les démocraties lors de la soirée science-citoyens *HelloQuitteX*. J'étais peut-être même en train d'évoquer son mème du soldat nazi (voir chap. « Les nouveaux pigeons »).

Organisée par l'Institut des systèmes complexes de Paris Île-de-France avec l'aide revigorante de nombreux bénévoles du collectif EscapeX, cette soirée fut un moment d'échanges incroyablement riche et convivial entre scientifiques, journalistes, décideurs et citoyens sur l'impact des réseaux sociaux, le rôle de l'État dans leur régulation et la place des médias et des citoyens dans cette nouvelle ère informationnelle. Mes premiers remerciements vont donc à tous les participants à cette soirée, et en particulier à tous les bénévoles de la campagne *HelloQuitteX*, qui ont donné un élan incroyable à ce projet d'ouvrage.

La proposition de mon éditrice, Sophie Lhuillier, de transformer cette conférence en ouvrage, a été l'étincelle qui a mis le feu aux poudres de l'écriture. Je l'en remercie très chaleureusement, ainsi que Solal Dreyfus, Marine Lowagie et Inès Tahi pour leur accompagnement dans la dernière ligne droite.

La désintégration des institutions américaines au fil de ces quelques semaines d'écriture a donné un sentiment d'urgence qu'il est difficile de soutenir seul. Merci infiniment à Véronique pour ses relectures attentives. Merci à Florence, Clémence et Michel pour leur soutien sans faille et leurs remarques toujours pertinentes. Merci enfin à ma grand-mère Rosette, devenue centenaire pendant la folie de ces cents jours, dont la résistance tout au long de son « drôle de siècle » oblige et donne espoir.

Je dédie ce livre à tous les Terriens.

Paris, le 30 avril 2025

NOTES

1. G. Brumfiel, « Trump firings cause chaos at agency responsible for America's nuclear weapons », NPR, 14 février 2025.
2. N. Vigdor, S. J. Levien, « What is Project 2025, and why did Trump distance himself from It during the campaign? », *The New York Times*, 6 novembre 2024 (ha9Vn).
3. Autre mesure prévisible car défendue par Russell Vought et évoquée par Donald Trump lors de sa campagne : utiliser l'armée pour lutter contre les « ennemis de l'intérieur ».
4. « "Put them in trauma". Inside a key MAGA leader's plans for a New Trump agenda », *ProPublica*, 28 octobre 2024 (FqxZQ).
5. W. Isaacson, *Elon Musk*, Simon & Schuster, 2023.
6. I. Asimov, *The Robots of Dawn. The Robot Ser*, vol. 4, Westminster, Random House, 2009 [1re ed. 1994].
7. *Ibid.*
8. À propos du financement par Elon Musk de la recherche sur le long-termisme, voir N. Robins-Early, « Oxford shuts down institute run by Elon Musk-backed philosophe », *The Guardian*, 19 avril 2024. Pour sa fascination pour Nick Bostrom, voir Torres (2022).
9. Voir la thèse de Pierrot-Valroff (2023).
10. Voir Bostrom (2003).
11. Concernant la réflexion d'Elon Musk sur l'évolution de la vie dans l'Univers, voir son interview de 2009 au Churchill Club (79kdm).
12. Pour entrer dans l'univers torturé de Nick Bostrom, lire Bostrom (2003).
13. Pour la retransmission de l'émission *SNL* où Elon Musk annonce son Asperger, voir https://www.youtube.com/watch?v=fCF8I_X1qKI
14. Voir Bostrom (2003).
15. Plusieurs indices indiquent qu'Elon Musk associe l'altruisme efficace à l'opportunité d'exercer une forme de philanthropie qui ne requiert pas l'empathie affective dont il est dépourvu. C'est, par exemple, ce que semble suggérer son tweet « affective autism > effective altruism ? » (SO9Ss) posté le même jour que la création d'une *side chain* « affective autism » sur la cryptomonaie Etherum.

16. « Le Congrès n'adoptera aucune loi relative à l'établissement d'une religion, ou à l'interdiction de son libre exercice ; ou pour limiter la liberté d'*expression, ou celle de la presse ; ou le droit des citoyens de se réunir pacifiquement ou d'adresser au gouvernement des pétitions pour obtenir réparations des torts subis. » Déclaration des Droits, premier amendement de la Constitution des États-Unis, 1791.

17. Voir G. Kessler, R. Salvador et K. Meg, « Trump's false or misleading claims total 30,573 over 4 years », *The Washington Post*, 24 janvier 2021.

18. Brandenburg, v. Ohio, 395 US 444, 1969.

19. Amnesty International, « Éthiopie. Les défaillances de Meta ont contribué à des atteintes aux droits de la communauté tigréenne pendant le conflit dans le nord du pays », 31 octobre 2023 ; https://www.amnesty.org/fr/latest/news/2023/10/meta-failure-contributed-to-abuses-against-tigray-ethiopia et Synthèse, « Myanmar : L'atrocité des réseaux sociaux. Meta face au droit à réparations des Rohingyas », 29 septembre 2022 ; https://www.amnesty.org/fr/documents/asa16/5933/2022/fr.

20. L'absolutisme dans la liberté d'*expression est une posture philosophique qui remonte au philosophe du XIXe siècle Alexander Meiklejohn, qui la considérait comme le prérequis indispensable à la libre information d'un peuple qui s'autogouverne.

21. K. Paul, « Ex-Twitter exec details "homophobic and antisemitic" abuse over handling of Hunter Biden story », *The Guardian*, 8 février 2023.

22. J. Grierson, « Katie Hopkins and Tommy Robinson thank Elon Musk for reinstating them on X », *The Guardian*, 6 novembre 2023.

23. Voir Blackmore (2000).

24. Voir Dawkins (2006).

25. Voir Izard (2009).

26. Sur les limites et l'échec de la mémétique, voir Aunger (2000) et Chvaja (2020).

27. *I look pretty good for a dead bitch*. Voir le post sur Threads de Vivian Jenna Wilson : https://www.threads.net/@vivllainous/post/C9xjbvpSvc6

28. Les rumeurs selon lesquelles Elon Musk aurait eu recours à des IVG sélectives ont été renforcées par le message de sa fille Vivian, posté le 9 mars 2025 sur Thread : « Le *sexe qui m'a été assigné à la naissance était une marchandise qui s'achetait et a été payée. Ainsi, lorsque dans mon enfance j'avais un côté féminin et que je me suis révélée *transgenre, j'allais à l'encontre du produit qui avait été vendu. Cette attente de masculinité contre laquelle j'ai dû me rebeller toute ma vie était une transaction monétaire. Une transaction monétaire. UNE TRANSACTION MONÉTAIRE. »

(yyKda). Elon Musk a eu quatorze enfants dont seules quatre sont des filles, Vivian comprise.

29. Voir Saad (2020).

30. Interview d'Elon Musk, Joe Rogan Experience #2281 ; https://www.youtube.com/watch?v=sSOxPJD-VNo

31. Pour une analyse des bases neurologiques des différentes composantes de l'empathie, voir Schurz *et al.* (2021).

32. Pour une analyse du rôle de l'empathie dans les comportements prosociaux et l'intersubjectivité voir, par exemple, Decety (2011).

33. Pour l'origine évolutionnaire de l'altruisme dans les sociétés humaines en lien avec l'empathie, voir par exemple de Waal (2008) ou de Vignemont and Singer (2006).

34. À propos de la question du déficit d'empathie aux États-Unis, voir Leary and Hell (2020).

35. Pour une première étude sur l'impact de la pandémie de Covid-19 sur la population, voir Baiano *et al.* (2022).

36. Pour le développement de l'empathie chez les enfants, voir par exemple Zahn-Waxler *et al.* (1992).

37. Voir Saad (2020).

38. Pour la position d'Elon Musk concernant le droit de vote des *femmes et autres personnes ayant une testosterone basse, voir Oq1zl et A. Mahdawi, « Elon Musk is intrigued by the idea women canot think freely because of "low T" », *The Guardian*, 7 septembre 2024.

39. Sur le lien entre orientation vers la dominance sociale et préférence pour les *inégalités de groupe, voir Pratto *et al.* (1994).

40. N. Layne, T. Reid, G. Slattery, « Trump calls migrants "animals", intensifying focus on illegal immigration », *Reuters*, 3 avril 2024.

41. J. Yang, « Republicans cheer for "mass deportation" – a dark new chapter in America's history of othering "them" », *The Guardian*, 29 juillet 2024.

42. K. Crowley, « DHS Secretary Kristi Noem posed in front of El Salvador prisoners wearing $50k watch », *USA Today*, 28 mars 2025.

43. V.E. Brito, « Despite refugee status in the US, young Venezuelan was deported to Salvadoran prison », *Miami Herald*, 21 mars 2025.

44. Pour l'enquête sur l'enlèvement de Vénézuéliens illégaux, voir N. Lanard, I. Dias, « You're here because of your tattoos », *Mother Jones*, 26 mars 2025, ainsi que l'émission de Christ Hayes sur MSNBC https://www.youtube.com/watch?v=7gJFeOFUC70

45. Voir Nyseth Nzitatira *et al.* (2024).

46. Sur le génocide rwandais, voir Hatzfeld (2009).

47. A. Hitler, *Mein Kampf*, 1924.

48. À propos de la charge d'Elon Musk contre l'empathie, voir aussi l'article de Julia Baird pour The Sydney Morning Herald « Elon Musk a tort. Rejeter l'empathie, c'est encourager le mal », 7 mars 2025.
49. J. Taylor, « Twitter data appears to support claims new algorithm inflated reach of Elon Musk's tweets, Australian researcher says », *The Guardian*, 16 février 2023.
50. Pour une analyse détaillée des fils d'actualité de Twitter-X, voir Bouchaud (2024).
51. Voir, par exemple : Mo7nl, Oblkn, xDBWU ainsi que A.S. Levine, « Deep-dive refutes allegations of anti-GOP social media bias », *Politico*, 1er février 2021.
52. Pour une mesure du *biais du Twitter pré-Musk en faveur des contenus Républicains, voir l'audit des équipes internes de Twitter : Huszár *et al.* (2022) ainsi que Bouchaud (2024) et Ye *et al.* (2024).
53. Pour un échange polémique d'Elon Musk à propos du Covid-19, voir par exemple son échange avec le Dr. Angela Rasmussen (angie@rasmussen) : HGOto, 74r5O, DQ2eN
54. K. Conger, A. Krolik, S. Nerkar, D. Freedman, « How Elon Musk's own account dominates X », *The New York Times*, 3 novembre 2024.
55. K. Caune et F. Lefebvre, « German elections : digihumanism unveils massive pro-AfD reverse censorship & bot-driven amplification on X », Center for AI and Digital Humanism, 2025 ; https://s.42l.fr/germanbots
56. R. Mitchell, « Twitter bots helped build the cult of Elon Musk and Tesla. But who's creating them ? », *Los Angeles Times*, 2022.
57. Robertson *et al.* (2023).
58. À propos du *biais de négativité, voir Rozin and Royzman (2001).
59. Pour le *biais de négativité algorithmique, voir Chavalarias (2022) pour le principe général, Chavalarias *et al.* (2024) pour la démonstration de son existence et Bouchaud *et al.* (2023) pour sa mesure sur Twitter/X.
60. La lanceuse d'alerte Frances Haugen a révélé en 2021 à *60 Minutes* (7ESLw), fuites de documents internes à l'appui (les *Facebook files*), une étude interne de Facebook qui montrait « qu'en changeant l'algorithme pour plus de sécurité, les utilisateurs passaient moins de temps sur la plateforme et cliquaient sur moins de publicités. » Quant à l'entreprise, elle gagnait moins d'argent du fait de ce *biais de négativité (Chavalarias, 2022). Cela a été confirmé expérimentalement sur Facebook, Twitter et YouTube par Beknazar-Yuzbashev *et al.* (2025).
61. Voir Hickey *et al.* (2025).
62. Voir Kramer *et al.* (2014).

63. Voir Oldemburgo de Mello *et al.* (2024).

64. Pour un argumentaire sur l'opacité de l'algorithmique de X, et notamment le mensonge autour de son caractère prétendument « open source », voir http://musk.chavalarias.org.

65. Les « psyop » sont des opérations psychologiques pour influencer à grande échelle l'opinion.

66. Pour l'effet de l'algorithmique de X sur les structures sociales, voir Oldemburgo de Mello *et al.* (2024) et Yarchi *et al.* (2021) pour l'aspect empirique ainsi que Chavalarias *et al.* (2024) pour l'aspect théorique.

67. D. Klepper, « Twitter ends enforcement of Covid misinformation policy », *Associated Press*, 29 novembre 2022.

68. J. Porter, « Twitter begins removing blue checkmarks from all legacy users », *The Verge*, 20 avril 2023.

69. Voir O'Brien (2023).

70. R. McBeth, « Who is End Wokeness? », 2024 ; www.youtube.com/watch?v=8zZeZFs5KLQ

71. Le Pizzagate est une théorie conspirationniste, développée par l'extrême droite américaine sur la base de courriels privés divulgués par WikiLeaks. Cette théorie prétendait que l'ancien directeur de campagne d'Hillary Clinton coordonnait un réseau pédophile depuis le sous-sol d'une pizzeria. Le 4 décembre 2016, l'un des partisans de cette théorie a même été jusqu'à traverser les États-Unis pour se rendre sur place muni d'un fusil d'assaut afin de sauver les « enfants esclaves sexuels » qui se seraient trouvés dans l'établissement. Il n'a évidemment trouvé aucune preuve, et il s'est rendu à la police sans résister.

72. M. Klee, « Elon Musk all but endorses the great replacement conspiracy theory », *Rolling Stone*, 5 janvier 2024.

73. Exemple de désinformation muskienne sur les catastrophes naturelles : A. Aton, S. Waldman, « Elon Musk is piling onto all the hurricane disinformation, hampering relief efforts », *Politico*, 9 octobre 2024 ; AFP, « California governor spars with Musk over wildfire "lies" », France 24, 13 janvier 2025.

74. M. Klee, « How Elon Musk and X became the biggest purveyors of online misinformation », *Rolling Stone*, 9 août 2024.

75. B. Carniel, « Misinformation superspreaders are thriving on Musk-owned Twitter », *Health Feedback*, 22 février 2023.

76. Cette requête semble avoir été entendue par le principal procureur du district de Columbia qui s'est attaqué à Wikipedia et à son statut fin avril 2025. Dans une lettre adressée à la Fondation Wikimedia, il accuse Wikipedia de « permettre à des acteurs étrangers de manipuler l'information et de diffuser de la propagande auprès du public américain », de « réécriture d'événements historiques clés et d'informations biographiques concernant les dirigeants actuels », d'avoir un conseil d'administration « composé essentiellement de ressortissants étrangers, qui détournent les intérêts des contribuables américains » et potentiellement de « blanchir des informations » en interférant avec l'apprentissage des IA. Voir G. Kaminsky, « Exclusive : Trump's D.C. prosecutor threatens Wikipedia's tax-exempt status », *The Free Press*, 24 avril 2025.

77. Par la formule « *My pronouns are still prosecute/Fauci* », Elon Musk réussit l'exploit d'appeler à la haine contre un serviteur de l'État et de se moquer de conventions introduites par les communautés *LGBT.

78. Pour les menaces de mort vis-à-vis d'Anthony Fauci, voir R. Tait, « Fauci describes "credible death threats" for overseeing US Covid-19 response », *The Guardian*, 3 juin 2024 ; pour le retrait de sa protection fédérale, voir S. G. Stolberg, « Trump terminates Fauci's government security protection », *The New York Times*, 24 janvier 2025.

79. B. Stelter, « This infamous Steve Bannon quote is key to understanding America's crazy politics | CNN Business », CNN, 16 novembre 2021.

80. J. Passantino, O. Darcy, « NPR suspends editor who accused outlet of liberal bias », CNN, 16 avril 2024.

81. Grok est le nom d'un personnage dans le livre *The Hitchhiker's Guide to the Galaxy* (*Le Guide du voyageur galactique*) ou H2G2 de Douglas Adam, le deuxième auteur de science-fiction sous-tendant la philosophie Elon Musk (JAprj). Le terme « grok » est également utilisé dans les cercles autistes pour indiquer une compréhension intuitive des choses qui mène à une intime conviction. Voir (r3js6) https://actuallyautistic.wiki/wiki/Grok.

82. B. Allyn, « Elon Musk threatens to reassign @NPR on Twitter to "another company" », NPR, 3 mai 2023.

83. K. Conger, L. Hirsch, « Elon Musk says he has sold X to his AI Start-Up xAI », *The New York Times*, 28 mars 2025.

84. J. Kaplan, « More speech and fewer mistakes », Meta, 2025.

85. Voir Drolsbach *et al.* (2024).

86. On montre notamment que les Notes de la Communauté portent souvent sur des types de messages différents de ceux des *fact-checkers* (Pilarski *et al.* (2024)) et s'appuient sur les *fact-checkers* quand elles le peuvent (Borenstein *et al.* (2025)).

87. Voir Chuai *et al.* (2025).

88. Il s'agit de la députée Sandrine Rousseau, qui a évoqué pour la première fois son départ de X lors de la soirée publique HelloQuitteX du 9 janvier 2025 (GOv9l). Son tweet a été affublé d'une note de communauté sur la base d'un autre tweet trompeur probablement de YWgV6. La note de communauté erronée a été diffusée en direct sur BFMTV devant la députée le 11 janvier 2025.

89. Sur l'admiration supposée de Donald Trump envers Hitler, voir, par exemple, D. Merica, « Trump said Hitler "did some good things" and wanted generals like the Nazis, former chief of staff Kelly claims », PBS News, 23 octobre 2024.

90. De nombreux articles ont été consacrés au déni systématique de Donald Trump de ses erreurs. Les suivants en donnent des exemples concrets : K. Tumulty, « Trump. Never wrong, never sorry, never responsible », *The Washington Post*, 16 septembre 2016 ou bien T.B. Lee, « Donald Trump can't admit when he's made a mistake. That's a bad trait for a president », *Vox*, 19 juillet 2016, ou encore A. Ramírez, « Trump can't and won't ever admit to being wrong », *Las Vegas Sun*, 28 mai 2024.

91. Sur la stratégie Darvo de Donald Trump, voir S. Blumenthal, « Deny, attack, reverse. Trump has perfected the art of inverted victimhood », *The Guardian*, 1er février 2024.

92. Sur Donald Trump plaisantant sur le fait qu'il ne serait pas un dictateur sauf le premier jour, voir l'extrait de l'émission sur FoxNews https://www.youtube.com/watch?v=dQkrWL7YuGk.

93. S. J. Levien, « Trump says he would pardon Jan. 6 rioters who attacked police », *The New York Times*, 31 juillet 2024.

94. R. Farley, « How many died as a result of Capitol riot ? », FactCheck.org, 2021.

95. A. Mabeus, « Elon Musk to tucker Carlson on Trump : "If he loses, I'm f*cked" », CNN, 8 octobre 2024.

96. J. Stempel, « Elon Musk sued over $1m-a-day election giveaway », Reuters, 6 novembre 2024.

97. M. Bender, « Why was there a broad drop-off in democratic turnout in 2024 ? », *The Seattle Times*, 11 novembre 2024.

98. S. Dinesh, O. Meltem, « 8 facts about Americans and Twitter as it rebrands to X », *Pew Research Center*, 26 juillet 2023.

99. Les accusations de fraude électorale liées aux machines à voter Dominion constituent un classique de la désinformation, bien que notoirement infondées. En 2020, la chaîne Fox News a même été condamnée à une amende record de 787 millions de dollars pour avoir relayé ces allégations concernant l'élection de 2016. Cela n'a pourtant pas empêché Elon Musk d'en faire l'un de ses chevaux de bataille durant la campagne présidentielle de 2024. Voir K. Tenbarge, B. Goggin, E. Barnett, « Musk pushes debunked Dominion voting conspiracy theory at campaign apparence », NBC News, 18 octobre 2024.

100. B. Horvath, « Musk shares fake image of *The Atlantic* article, bringing condemnation from the publication », MSN, 2024.
101. Pour un panorama des nombreuses fausses informations relayées par Elon Musk durant la campagne de 2024, voir notamment K. Collier, « Musk's election falsehoods travel hundreds of times further on X than fact-checks from offisials », 2024 et R. Leingang, « Elon's politics. How Musk became a driver of elections misinformation », *The Guardian*, 12 août 2024.
102. CCDH, « Musk's Political Posts. How Elon Musk's political posts amass more views than all US political campaign ads on X's disclosure dataset », *Center for Countering Digital Hate*, 2024.
103. J. Otte, « "What a circus". Eligible US voters on why they didn't vote in the 2024 presidential election », *The Guardian*, 13 décembre 2024.
104. D. Marans, K. Robillard, « Elon Musk helped fund the most cynical super PAC of the 2024 election », *HuffPost*, 16 octobre 2024.
105. M. Scherer, J. Dawsey, « Inside the Republican false-flag effort to turn off Kamala Harris voters », *The Washington Post*, 15 novembre 2024.
106. D. Weiner, T. Lau, « Citizens United Explained. Tech. rep., Brennan Center for Justice », *New York*, 12 décembre 2019.
107. Voir Chavalarias (2024).
108. A. Massoglia, « Pro-Trump dark money network tied to Elon Musk behind fake pro-Harris campaign scheme », *OpenSecrets*, 16 octobre 2024.
109. M. Haberman, T. Schleifer, « Republican operatives function as hidden hand behind pro-Trump efforts », *The New York Times*, 15 octobre 2024.
110. Pour l'inférence d'opinions *politiques des utilisateurs de Twitter-X à partir de leurs seules interactions, voir, par exemple, Gaumont *et al.* (2018) ou Chavalarias *et al.* (2019).
111. J. Graf, U.o. Konstanz, « Investigating shadow profiles. The data of others », *TechXplore*, 22 septembre 2023.
112. Viginum, « RRN : une campagne numérique de manipulation de l'information complexe et persistante », Secretariat général de la Défense et de la Sécurité nationale, 19 juin 2023.
113. À propos de la tentative d'achat de sa première fusée à des Russes en 2002, voir Isaacson (2023).
114. A. Gumbel, « Republican dubbed "Russia's favorite congressman" loses seat after 30 years ». *The Guardian*, 11 novembre 2018.
115. « L'erreur de Khrouchtchev » fait référence au « don » par Nikita Khrouchtchev, en 1954, de la Crimée à l'Ukraine par simple décret. Ce don était symbolique car l'Ukraine faisait partie intégrante de l'URSS mais il eut des conséquences bien réelles en 1991 lors de la dislocation de l'Union soviétique.

116. T. Schuman, « World Thought Police », *NATA Almanac*, 1986.
117. Pour le lien entre la « journaliste indépendante » Eva Karene Bartlett et Moscou, voir par exemple A. I. Ahmad, « Russia Today and the post-truth virus », *PULSE*, 2016, ou J. Ling, « In Russia, a "sham tribunal" investigates what it says are Ukraine's war crimes », CBC News, 2022.
118. Unkelbach, Christian, Alex Koch, Rita R. Silva, et Teresa Garcia-Marques. 2019. « Truth by Repetition: Explanations and Implications ». Current Directions in Psychological Science 28 (3).
119. Les *spaces* sont des espaces de discussion oraux ouverts sur X à la manière des émissions de radio.
120. Rothwell, James. 2024. « Putin Exploited My Fear of Dogs in His Power Games, Says Angela Merkel », *The Telegraph*, 21 novembre 2024.
121. J. Marson, « How Ukraine's naval drones turned the tide in the battle of the black sea », *The Wall Street Journal*, 25 juin 2024.
122. Guardian News, « Wagner chief blames Russian generals for losses suffered in Ukraine », *The Guardian*, 5 mai 2023.
123. AFP, « En Russie, le parti de Poutine offre des hachoirs à viande à des mères de soldats tués en Ukraine et créé la polémique », France Info, 8 mars 2025.
124. La vidéo de l'interview entre François Hollande et le faux Zelensky incarné par les humoristes russes Vovan et Lexus a été diffusée en France par la chaîne pro-Kremlin *Sud Radio*. L'objectif de ce genre d'opération est de créer des éléments tangibles de narratifs du Kremlin qui puissent ensuite être relayés sur les réseaux sociaux par les relais de propagande du Kremlin, ce qui s'est effectivement produit. Voir « Guerre en Ukraine. François Hollande piégé par deux humoristes russes », Franceinfo, France Télévisions, 8 avril 2023. Pour la vidéo voir « Quand François Hollande se fait piéger par des humoristes... », *Sud Radio*, 6 avril 2023.
125. P. Sauer, « Vladimir Putin warns west he will consider using nuclear weapons », *The Guardian*, 25 septembre 2024.
126. Pour une réflexion philosophique sur la dissuasion nucléaire et ses ressorts psychologiques, voir Dupuy (2018).
127. T. Grove, P.S. Warren, A. Viswanatha, G. Lubold, S. Schechner, « Elon Musk's Secret Conversations With Vladimir Putin », *The Wall Street Journal*, 25 octobre 2024.
128. V. Putin, « The Vladimir Putin Interview », *Tucker Carlson Network*, 6 février 2024.
129. D. Lyndell, « Poster boy. Six instances of Kremlin disinformation amplified through Elon Musk's social network », *The Insider*, 12 mars 2025.

130. À propos du média d'information russe Tenet Media, voir D. Ingram, « How Elon Musk amplified content from a suspected Russian election interference plot », NBC News, septembre 2024 et S. Seibt, « Tenet Media, suppôt de la désinformation russe aux États-Unis », France 24, 5 septembre 2024.
131. Pour des illustrations d'opération de désinformation du Kremlin sur X pendant l'année 2024, voir par exemple, A. Desmarais, « "Threat is ongoing" as Russian Doppelganger operation continues on X and Meta despite EU probe », *Euronews*, 5 septembre 2024 ou S. Bond, « U.S. says Russian bot farm used AI to impersonate Americans », NPR, 9 juillet 2024.
132. B. Bodnar, « Ce mème partagé par Elon Musk sort directement de l'usine de propagande du Kremlin », *Numerama*, 23 septembre 2024.
133. L. Harding, J. Borger, D. Sabbagh, « Kremlin papers appear to show Putin's plot to put Trump in White House », *The Guardian*, 15 juillet 2021.
134. De nombreuses études ont révélé les opérations d'influence du Kremlin sur le réseau social X, comme, par exemple, M. Markelov, « I investigated millions of tweets from the Kremlin's "troll factory" and discovered classic propaganda techniques reimagined for the social media age », *The Conversation*, 1er octobre 2024.
135. T. Schuman, « World thought police », *op. cit.*
136. N. Robins Early, « Russia will "undoubtedly" discuss future Mars flights with Musk, Putin envoy says », *The Guardian*, 18 mars 2025.
137. La « broligarchie » est un terme introduit par l'écrivaine québécoise Martine Delvaux dérivé de l'anglais *brother* (frère), du grec *oligos* (en petit nombre) et *arkhô* (commander). Il désigne une concentration démesurée du pouvoir dans les mains d'une poignée d'hommes milliardaires hostiles à l'État, obsédés par l'argent et par une certaine vision d'un progrès sans limites.
138. D. Medvedev, « Encore une fois à propos de l'opposition non systémique » (80efg), Telegram, 2024.
139. H. Maillot, « Européennes : Dmitri Medvedev appelle à "soutenir de toutes les manières possibles" les partis "antisystème", *Le Figaro*, 3 février 2024.
140. AFP, « "Heil Trump, Poutine, Musk, Le Pen..." : à Paris pour le 8-mars, l'action choc des Femen contre l'"épidémie fasciste" », *Le Parisien*, 8 mars 2025.
141. Pour les manipulations d'opinion pendant les élections européennes et législatives en France voir, par exemple, Chavalarias (2024).
142. Voir Caune et Lefebvre, *op. cit.*
143. « États-Unis : une mystérieuse réponse de la nouvelle intelligence artificielle d'Elon Musk à propos de Donald Trump », France Info, 6 mars 2025.

144. E. Nilsson-Julien, « Fact check. Was Donald Trump recruited by the KGB as 'Krasnov' ? », Euronews Running Time, 13 mars 2025.
145. Le GC, « Changement de régime : le discours intégral de J. D. Vance à Munich », *Le Grand Continent*, 14 février 2025.
146. Foreign policy, « Trump to rely on forces that brought him to power. Russian presidential aide », TASS (Russian News Agency), 11 novembre 2024.
147. AFP, « US suspends all military aid to Ukraine effective immediately », *Le Monde*, 4 mars 2025.
148. E. Vincent, E. Grynszpan, « "Pause" of US intelligence sharing with Ukraine poses unprecedented challenges for allies », *Le Monde*, 7 mars 2025.
149. « Zelensky told to leave White House after angry spat with Trump and Vance », BBC News, 27 février 2025.
150. A. Shalal, J. Roulette, « Exclusive. US could cut Ukraine's access to Starlink internet services over minerals, say sources », *Reuters*, 22 février 2025.
151. R. Hall, A. Feinberg, « Tulsi Gabbard's history with Russia is even more concerning than you think », *The Independent*, 4 février 2025.
152. J. Joffe-Block, « How Kash Patel has used children's books and podcasts to promote conspiracy theories », NPR, 10 décembre 2024.
153. G. Miller, J. Swaine, C. Belton, M. Berman, D. Hawkins, « Kash Patel was paid by Russian filmmaker with Kremlin ties, documents show », *The Washington Post*, 7 février 2025.
154. H. Septier, « Antivax, "manque d'expérience"... La nomination de Robert Kennedy Jr par Donald Trump fustigée par 75 prix Nobel », BFMTV, 10 décembre 2024.
155. D. Walsh, « Pete Hegseth faces new allegations of alcohol abuse and misconduct », NPR, 22 janvier 2025.
156. M. Matishak, « Exclusive. Hegseth orders Cyber Command to stand down on Russia planning », *The Record*, 28 février 2025.
157. « *Stop the Steal* » est le slogan des Républicains MAGA qui défendaient que Joe Biden avait volé l'élection à Donald Trump en 2020 en truquant les résultats.
158. R. Furlong, « From oligarchs to cartels. The US reshapes global law enforcement », Radio Free Europe-Radio Liberty, 27 février 2025.
159. K. Dilanian, « Pam Bondi ends FBI effort to combat foreign influence in US politics », NBC News, 6 février 2025.
160. S. Kirchgaessner, « Trump administration retreats in fight against Russian cyber threats », *The Guardian*, 1er mars 2025.
161. B. Ortega, « Voting. Trump is dismantling election security networks », CNN, 9 avril 2025.

162. K. Lyons, N. Evershed, « "Nowhere on Earth is safe" : Trump imposes tariffs on uninhabited islands near Antarctica », *The Guardian*, 3 avril 2025.
163. A. Strelnikov, A. Izmaylov, « Trump tariffs. Why are Russia and Belarus not targeted ? », *Deutsche Welle*, 5 avril 2025.
164. T. Staff, « Read the full transcript of Trump's "100 Days" interview », *TIME*, 25 avril 2025.
165. G. Kasparov, « The putinization of America », *The Atlantic*, 28 février 2025.
166. T. Yeung, « Italy's Meloni says "we hope to make the West great again" in Trump meeting », BBC News, 17 avril 2025.
167. L. Marchand, « Giorgia Meloni, de Mussolini à la nouvelle droite souverainiste italienne », *Ouest-France.fr*, 26 septembre 2022.
168. L. Sankari, « Opération Starlink, ou comment Giorgia Meloni va offrir les données stratégiques italiennes sur un plateau à Elon Musk », *L'Humanité*, 16 janvier 2025 ; https://www.humanite.fr
169. V. Ivanyshyn, « Italy suspends Starlink purchase negotiations with SpaceX amid Musk controverse », *The Kyiv Independent*, 23 mars 2025.
170. L'*expression *good cop-bad cop* provient d'une technique de coercition qui consiste à soumettre une personne à des changements émotionnels répétés afin qu'elle se conforme à ce qu'on lui demande, voir par exemple F. Adam, « *Good cop, bad cop* est une technique qui marche confirme la science », *Slate*, 23 février 2017.
171. L. Shirreff, « The obscure Russian-linked "news" outlet fuelling violence on Britain's streets », *The Telegraph*, 3 août 2024.
172. Correspondent, Technology, M.S. « Tommy Robinson's tweets from Cyprus viewed 50m times a day », *The Times*, 7 août 2024.
173. S. Flynn, « The untold story of the southport riots », *British GQ*, 4 mars 2025.
174. J. Halliday, H. Al-Othman, J. Burke, V. Dodd, J. Grierson, « Axel Rudakubana : a "ticking timebomb" who murdered three girls in Southport », *The Guardian*, 20 janvier 2025.
175. C. Hetzner, « "Pretty toxic" Elon Musk is stoking UK race riots, blasts ex-Twitter Europe head », *Fortune*, 7 août 2024.
176. H. Stewart, « Elon Musk's rumoured $100m donation may just fuel a fresh look at UK political funding », *The Guardian*, 8 décembre 2024.
177. C. Ducourtieux, « Elon Musk multiplie les attaques contre le Premier ministre britannique, Keir Starmer », *Le Monde*, 6 janvier 2025.
178. M. Boycott-Owen, « Elon Musk to fund UK far-right ringleader Tommy Robinson's legal fight, supporters claim », *Politico*, 21 janvier 2025.

179. F. Rogers, « Who is behind the Italian propaganda platform publishing misleading anti-migrant videos ? », *Neue Zürcher Zeitung*, 15 décembre 2023.

180. Le parti allemand d'extrême droite AfD entretien des liens étroits avec Moscou au point qu'il est qualifié de bras armé de la Russie : M. Baumgärtner, M. Becker, *et al.*, « Alternative for Germany (AfD). How the far-right party became the long arm of Russia and China », *Der Spiegel*, 1er mai 2024. Ses députés se rendent fréquemment à Moscou, comme le mentionne LENA, « AfD-Kremlin : l'alliance que plus personne ne cherche à cacher », *Le Figaro*, 27 mai 2021 et l'un deux a même été accusé d'avoir favorisé l'espionnage russe et chinois : S. Seibt, « Has Germany's far-right AfD become a gateway for Chinese and Russian spies ? », France 24, 26 avril 2024.

181. « L'AfD s'allie à un parti néonazi dans le Land allemand du Brandebourg », *Courrier international*, 25 juin 2024.

182. C. Bainier, « Les néonazis s'affichent en soutien à l'AfD en Allemagne ; le trafic de cacao en Côte d'Ivoire », *Les Observateurs*, France 24, 12 mars 2025.

183. D. Huet, « Allemagne : l'AfD adopte un programme raciste et un slogan nazi », *Mediapart*, 13 janvier 2025.

184. A.K. Müller, « Björn Höcke : Der wahre Chef der AfD », *Der Spiegel*, 7 octobre 2022.

185. A. Dziadosz, « The trial of Björn Höcke, the "real boss" of Germany's far right », *The Guardian*, 29 août 2024.

186. S. Winter, « AfD Thüringen : Flinten, Pistolen, Sprengsätze – so bewaffnet sich das Umfeld », *Der Spiegel*, 16 avril 2025.

187. À propos de l'engouement soudain des partis d'extrême droite pour Elon Musk, voir le sociopics Elon Musk & Twitter/X sur http://sociopics.org.

188. À propos de Naomi Seibt, « anti-Greta Thunberg », C. Quevrain, « "L'anti-Greta Thunberg". Qui est derrière l'ascension éclair de Naomi Seibt, la nouvelle égérie des climatosceptiques ? », TF1 Info, 2020 ; D. Butler, J. Eilperin, « The anti-Greta. A conservative think tank takes on the global phenomena », *The Washington Post*, 23 février 2020.

189. I. Molough, « Qui est Alexandre de Moraes, le juge brésilien qui fait trembler Elon Musk et son réseau social X ? », RTBF, 1er septembre 2024.

190. Elon Musk fait régulièrement preuve d'un déni de la réalité scientifique sur le climat en affirmant par exemple (7KKm1) « Il est important de noter que ce qui se passe à la surface de la Terre (par exemple l'agriculture) n'a pas d'impact significatif sur le changement climatique. Le risque de changement climatique est essentiellement dû au déplacement de milliards de tonnes de carbone des profondeurs de la Terre vers l'atmosphère. Au fil du temps, si nous continuons à agir de la sorte, la composition chimique de notre atmosphère changera suffisamment pour induire un changement climatique significatif. » Cette affirmation est fausse et trompeuse. C'est faux dans la mesure où, par exemple, selon le rapport du GIEC (Masson-Delmotte *et al.* [2020]) le système alimentaire dans son ensemble est responsable d'environ un tiers des émissions de gaz à effet de serre et n'est pas durable. Elle est trompeuse car elle emploie le terme « risque » alors que des conséquences irréversibles sont engagées, comme par exemple la montée du niveau de la mer, inédit depuis plus de 2000 ans, ou l'intensification des impacts et une aggravation des pertes et dommages dus au réchauffement climatique. Elon Musk fait preuve ici d'un déni de responsabilité et d'un déni des *injustices climatiques.

191. Voici le verbatim d'Elon Musk au rassemblement de l'AfD le 25 janvier 2025 : « *I think there is too much focus on past guilt [in Germany], and we need to move beyond that. Children should not feel guilty for the sins of their parents – their great-grandparents even* ».

192. Popperfoto, « German Wehrmacht soldier with carrier pigeons », CPL30159788, 1940.

193. D. Gilbert, « After appeal to Musk, X suspends accounts that outed neo-Nazi cartoonist », *Ars Technica*, 21 mars 2024.

194. Le concept de « *racisme antiblancs » a diffusé sur Twitter-X depuis les sphères suprémacistes blanches d'origine sud-africaines vers les sphères « patriotes » de nombreux pays.

195. R. Lubin, « Tucker Carlson accused of airing "pro-Nazi propaganda" on show », *The Independent*, 4 septembre 2024.

196. T. Staff, « Kanye West praises Hitler, calls himself a Nazi in unhinged interview », *The Times of Israel*, 1er décembre 2022.

197. A. Magnaval, « Salut nazi d'Elon Musk : le salut romain est une construction moderne », France Culture, 24 janvier 2025.

198. J. Blistein, « Kanye West on X : "Elon Stole My Nazi Swag", *Rolling Stone*, 7 février 2025.

199. J. Valinsky, H. Gold, « Kanye West is selling $20 T-shirts with swastikas », CNN, 10 février 2025.

200. C. Cadwalladr, « This is what a digital coup looks like », TED, 10 avril 2025 ; https://www.youtube.com/watch?v=TZOoT8AbkNE.

201. Voir Chavalarias (2022).

202. Le scandale lié au hack de NLRB par le DOGE a été révélé pour la première fois par NPR : J. McLaughlin, « A whistleblower's disclosure details how DOGE may have taken sensitive labor data », National Public Radio, 15 avril 2025.

203. N. Desk, « Whistleblower alleges DOGE, Starlink to Russian access of US government data », *The Express Tribune*, 16 avril 2025.
204. R. Maddow, « Federal employee alleges possible data breach by DOGE at NLRB ! (MSNBC, 4/15/25) This is terrifying ! », *The Rachel Maddow Show*, 16 avril 2025.
205. L. Ropek, « I Regret to inform you that a 19-year-old DOGE stooge named Big Balls is now advising the State department », *Gizmodo*, 11 février 2025.
206. J. Flint, « Trump issues order to defund US public media, including PBS and NPR », *Wall Street Journal*, 2 mai 2025.
207. The White House, « President Trump Participates in a Bilateral Meeting with the President of El Salvador », 14 avril 2025.
208. J. Cox, « ICE plans central database of health, labor, housing agency data to find targets », *404 Media*, 19 avril 2025.
209. The White House, « Stopping waste, fraud, and abuse by eliminating information silos », 20 mars 2025.
210. J. Koebler, J. Cox, E. Maiberg, « "Things are going to get intense". How a Musk ally plans to push AI on the Government », *404 Media*, 4 février 2025.
211. Pour des articles sur les biais des IA voir Bender *et al.* (2021) et Ntoutsi *et al.* (2020) ; pour la question des erreurs spécifiques aux systèmes tels que Grok ou ChatGPT, voir Yao *et al.* (2024) ou Huang *et al.* (2025) ; et pour les limites intrinsèques à l'IA généraliste, voir Calude et Longo (2016) et Longo (2023).
212. T. Benson, « Elon Musk wants to use AI to run US gov't, but experts say "very bad" idea », *Al Jazeera*, 13 mars 2025.
213. L. Qiu, J. Leventhal, « Assessing Elon Musk's misleading claims about fraud in Government spending », *The New York Times*, 28 mars 2025.
214. R. Sollenberger, « A DOGE staffer appears to be posting DOGE work on his public GitHub », Nitter @SollenbergerRC, 2025.
215. F. Saltiel, « Palantir, quand la sulfureuse entreprise de cyber intelligence devient rentable ! », *Un monde connecté*, 13 février 2024.
216. Watson, « US detention of European and Canadian tourists creates fear over traveling to America », PBS News, 21 mars 2025.
217. Pour les procédures lancées contre X, voir par exemple E. Merle, « La Commission européenne lance une procédure formelle d'infraction contre le réseau social X », *Les Surligneurs*, 23 janvier 2024 ou « Le réseau social X et ses algorithmes visés par une enquête du parquet de Paris », *Libération*, 7 février 2025.
218. G. Kilander, « JD Vance says US could veto NATO if Europe tries to regulate Elon Musk's platforms », *The Independent*, 17 septembre 2024.

219. J. Ryan, « Europe's race to rearm is pointless if its adversaries are waging war online », *The Guardian*, 15 avril 2025.
220. Dans le cas de l'Amérique de Trump, un sentiment de revanche flotte dans l'air avec des menaces on ne peut plus explicites contre ses adversaires *politiques. Voir T. Dreisbach, « Trump has made more than 100 threats to prosecute or punish perceived enemies », NPR, 22 octobre 2024.
221. Parlement européen, Conseil de l'Union européenne, « Règlement (ue) 2022/1925 du Parlement européen et du conseil européen », 10 décembre 2022.
222. C'est le cas par exemple de la plateforme compagnon OpenPortability.org du projet de recherche éponyme développée par mon équipe à l'Institut des systèmes complexes de Paris qui permet de vous reconnecter automatiquement sur les plateformes BlueSky et Mastodon à vos abonnements et abonnés de X.
223. M. Mariani, « Qu'est-ce que le "Fediverse" ? », *Veille sanitaire*, *France Inter*, 8 septembre 2023.
224. OpenPortability est une plateforme académique assurant la portabilité des données de X vers BlueSky et Masdoton. Elle permet au passage aux chercheurs de l'ISC-PIF (CNRS) d'étudier la transition vers une nouvelle ère numérique.
225. D. Leloup, « Behind Musk's DOGE, a collection of potential conflicts of interest », *Le Monde*, 9 mars 2025.
226. Tesla, « Tesla All-Hands | Q1 », 21 mars 2025.
227. R. Bellan, « Tesla Optimus bots were controlled by humans during the "We, Robot" event », *TechCrunch*, 14 octobre 2024.
228. Voir Longo (2023).
229. Elon Musk vise un prix de vente des robots Optimus dès 20 000 $. Les salaires moyens dans certains pays comme la Somalie, où Elon Musk vient d'obtenir une licence Starlink, sont de l'ordre de 50 $/mois. Sous l'hypothèse d'une durée de vie de trois à cinq ans d'un robot Optimus sans coût de maintenance, un Américain pourrait donc avoir accès à un esclave numérique pour moins de mille euros par mois. Comme l'a déclaré Musk lors du « Tesla All-Hands | Q1 2025 », Optimus pourra ainsi assurer la « fourniture de biens et de services en principe sans limites ».
230. J. M. Normand, « Le robot-taxi, nouvel horizon de Tesla », *Le Monde*, 11 octobre 2024.
231. Les caméras Tesla en mode sentinelle sont signalées par un petit voyant rouge dans l'objectif. En France, il est interdit pour des particuliers de filmer la voie publique à des fins de surveillance (voir https://www.service-public.fr/

particuliers/vosdroits/F2517) bien qu'on puisse croiser de nombreuses Tesla avec ce voyant activé.

232. M. Novak, « Tesla employees shared embarrassing videos from car cameras of Tesla owners : Report », *Forbes*, 6 avril 2023.

233. F. Lambert, « Tesla cars are now used like CCTV cameras by Oakland police », *Electrek*, 3 septembre 2024.

234. Le Cloud Act (H.R. 4943) est une loi fédérale des États-Unis adoptée en 2018 et portant sur l'accès aux données de communication (données personnelles), notamment opérées dans le cloud. Il offre un cadre légal à la saisie d'emails, documents et communications électroniques localisés dans les serveurs de sociétés américaines à l'étranger.

235. Rep. Collins, D.R.G., H.R.4943 - 115th Congress (2017-2018): « To amend title 18, United States Code, to improve law enforcement access to data stored across borders, and for other purposes », 2 juin 2018.

236. Les positions de tous les satellites Starlink peuvent être consultées en temps réel sur https://satellitemap. space/ ? constellation = starlink

237. M. Tobin, J. Liu, J., « Why Taiwan is building a satellite network without Elon Musk », *The New York Times*, 14 mars 2024.

238. G. Times, « Submarine cables become tool for certain countries to steal intelligence : China's national security ministry », *Global Times*, 24 mai 2024.

239. K.H. Platt, « Russia's arming for space war I, targeting SpaceX satellite systems », *Forbes*, 16 avril 2025.

240. S. Kuthunur, « Russia and China are threatening SpaceX's Starlink satellite constellation, new report finds », *Space*, 8 avril 2025.

241. Mann, T.P.C.f.A., updated, D.D.I., « Starlink satellites. Facts, tracking and impact on astronomy », *Space*, 14 avril 2022.

242. Voir Boley and Byers (2021).

243. Voir Chavalarias (2020).

244. Voir Lovelock and Margulis (1974).

245. Pour la situation préoccupante du caractère avancé de la sixième extinction de masse, voir Barnosky *et al.* (2011) ; Ceballos *et al.* (2015) ; Cowie *et al.* (2022) ; Penn and Deutsch (2022).

246. Voir Barnosky *et al.* (2012).

247. M. Fares, G. Cherelus, « Trump loves "the poorly educated"... and social media clamors », Reuters, 24 février 2016.

248. C. Blinkey, C. Megerian, « Trump orders a plan to dismantle the education department while keeping some core functions », *AP News*, 19 mars 2025.

BIBLIOGRAPHIE

AUNGER, R. (Ed.), 2000, *Darwinizing Culture. The Status of Memetics as a Science*, Oxford, Oxford University Press.

BAIANO, C., RAIMO, G., *et al.*, 2022, « Empathy through the pandemic. Changes of different emphatic dimensions during the Covid-19 outbreak » *International Journal of Environmental Research and Public Health*, n° 19(4), p. 2435.

BARNOSKY, A.D., HADLY, E.A., *et al.*, 2012, « Approaching a state shift in Earth's biosphere », *Nature*, n°486, p. 52-58.

BARNOSKY, A.D., MATZKE, N., *et al.*, 2011, « Has the Earth's sixth mass extinction already arrived ? », *Nature*, n° 471.

BAUMGÄRTNER, M., BECKER, M., *et al.*, 2024, « Alternative for Germany (AfD). How the far-right party became the long arm of Russia and China », *Der Spiegel*.

BEKNAZAR-YUZBASHEV, G., JIMÉNEZ-DURÁN, R., *et al.*, 2025, « Toxic content and user engagement on social media. Evidence from a field experiment », *Social Science Research Network*.

BLACKMORE, S.J., 2000, *The Meme Machine*, vol. 25, Oxford, Oxford University Press.

BOLEY, A.C., BYERS, M., 2021, « Satellite mega-constellations create risks in low earth orbit, the atmosphere and on Earth », *Scientific Reports*, n° 11.

BORENSTEIN, N., WARREN, G., *et al.*, 2025, « Can Community Notes replace professional fact-checkers ? », Cornell University, *ArXiv*.

BOSTROM, N., 2003. « Astronomical waste. The opportunity cost of delayed technological development », *Utilitas*, n° 15.

BOUCHAUD, P., 2024, *Beyond the Black Box*, Paris, EHESS.

BOUCHAUD, P., CHAVALARIAS, D., PANAHI, M., 2023, « Crowdsourced audit of Twitter's recommender systems », *Scientific Reports*, n° 13.

CALUDE, C.S., Longo, G., 2016, « The deluge of spurious correlations in Big Data », *Foundations of Science*.

CCDH, 2024, « Musk's political posts. How Elon Musk's political posts amass more views than all US political campaign ads on X's disclosure dataset », *Centre for Countering Digital Hate*, UK.

CEBALLOS, G., EHRLICH, P.R., *et al.*, 2015, « Accelerated modern human induced species losses : Entering the sixth mass extinction », *Science Advances*, n° e1400253.

CHAVALARIAS, D., 2020, « From inert matter to the global society. Life as multi-level networks of processes », *Philosophical Transactions of the Royal Society B. Biological Sciences*, n° 375.

CHAVALARIAS, D., 2022, *Toxic Data. Comment les réseaux manipulent nos opinions*, Paris, Flammarion.

CHAVALARIAS, D., 2024, « Minuit moins dix à l'horloge de Poutine », CNRS, Institut des Systèmes complexes de Paris Île-de-France.

CHAVALARIAS, D., BOUCHAUD, P., PANAHI, M., 2024, « Can a single line of code change society ? The systemic risks of optimizing engagement in recommender systems on global information flow, opinion dynamics and social structures », *Journal of Artificial Societies and Social Simulation*, n° 27, p. 9.

CHAVALARIAS, D., GAUMONT, N., PANAHI, M., 2019, « Hostilité et prosélytisme des communautés politiques », *Réseaux*, n° 214-215, p. 67-107.

CHUAI, Y., TIAN, H., *et al.*, 2024, « Did the roll-out of Community Notes reduce engagement with misinformation on X/Twitter ? » *Proceedings of the ACM on Human-Computer Interaction*, n°8, p. 1-52.

CHVAJA, R., 2020, « Why did memetics fail ? Comparative Case Study1 », *Perspectives on Science*, n° 28, p. 542-570.

COWIE, R.H., BOUCHET, P., FONTAINE, B., 2022, « The Sixth Mass Extinction. Fact, fiction or speculation ? », *Biological Reviews*, n° 97, p. 640-663 ; https://onlinelibrary.wiley.com/doi/pdf/10.1111/brv.12816.

DAWKINS, R., 1976, *The Selfish Gene*, Oxford, Oxford University Press.

DE VIGNEMONT, F., SINGER, T., 2006, « The empathic brain : how, when and why ? », *Trends in Cognitive Sciences*, n° 10, p. 435-441.

DE WAAL, F.B.M., 2008, « Putting the altruism back into altruism : the evolution of empathy », *Annual Review of Psychology*, n° 59, p. 279-300.

DECETY, J., 2011, « Dissecting the neural mechanisms mediating empathy », *Emotion Review* n°3, p. 92-108.

DROLSBACH, C.P., SOLOVEV, K., PRÖLLOCHS, N., 2024, « Community Notes increase trust in fact-checking on social media », *PNAS Nexus*, n° 3, p. 217.

DUPUY, J.P., 2018, *La guerre qui ne peut pas avoir lieu. Essai de métaphysique nucléaire*, Paris, Desclée de Brouwer.

GAUMONT, N., PANAHI, M., CHAVALARIAS, D., 2018, « Reconstruction of the socio-semantic dynamics of political activist Twitter networks.

Method and application to the 2017 French presidential election », *PLOS One,* n° 13.

HATZFELD, J., 2003, *Une saison de machettes,* Paris, Seuil.

HICKEY, D., FESSLER, D.M.T., *et al.,*2025, « X under Musk's leadership. Substantial hate and no reduction in inauthentic activity », *PLOS One,* n° 20.

HUANG, L., YU, W., *et al.,* 2025, « A survey on hallucination in large language models : principles, taxonomy, challenges, and open questions », *ACM Transaction on Information System.,* n° 43, p. 42.

HUSZÁR, F., KTENA, S.I., *et al.,* 2022, « Algorithmic amplification of politics on Twitter », *Proceedings of the National Academy of Sciences,* n° 119.

ISAACSON, W., 2023, *Elon Musk,* New York, Simon & Schuster.

KRAMER, A.D.I., GUILLORY, J.E., HANCOCK, J.T., 2014, « Experimental evidence of massive-scale emotional contagion through social networks », *Proceedings of the National Academy of Sciences of the United States of America,* n° 111, p. 8788-8790.

LEARY, M., HELL, J., 2020, « The US has an empathy deficit », *Scientific American.*

LONGO, G., 2023, *Le Cauchemar de Prométhée,* Paris, PUF.

LOVELOCK, J.E., MARGULIS, L., 1974, « Atmospheric homeostasis by and for the biosphere : the Gaia hypothesis », *Tellus,* n° 26, p. 2-10.

MASSON-DELMOTTE, V., *et. al.,* 2020, « Changement climatique et terres émergées », The Intergovernmental Panel on Climate Change (IPCC-GIEC).

NTOUTSI, E., FAFALIOS, P., *et* al., 2020, « Bias in data-driven artificial intelligence systems. An introductory survey », *Wiley Interdisciplinary Reviews : Data Mining and Knowledge Discovery,* n° 10.

NYSETH NZITATIRA, H., BILLING, T., EDGERTON, J.F., 2024, « How radio affects violent conflict : new evidence from Rwanda », *American Sociological Review,* n° 89, p. 876-906.

OLDEMBURGO DE MELLO, V., CHEUNG, F., INZLICHT, M., 2024, « Twitter (X) use predicts substantial changes in well-being, polarization, sense of belonging, and outrage », *Communications Psychology* n° 2, p. 1-11.

O'BRIEN, I., 2023, « The Twitter scandal that scared off pharma marketers », *European Medical Journal.*

PENN, J.L., DEUTSCH, C., 2022, « Avoiding ocean mass extinction from climate warming », *Science,* n° 376, p. 524-526.

PIERROT-VALROFF, 2023, *A Complex Systems Approach of Existential Risks*, Paris, EHESS.

PILARSKI, M., SOLOVEV, K.O., PRÖLLOCHS, N., 2024, « Community Notes vs. snoping. How the crowd selects fact-checking targets on social media », *Proceedings of the International AAAI Conference on Web and Social Media*, n° 18, p. 1262-1275.

PRATTO, F., SIDANIUS, J., STALLWORTH, L.M., MALLE, B.F., 1994, « Social dominance orientation. A personality variable predicting social and political attitudes », *Journal of Personality and Social Psychology*, n° 67, p. 741-763.

ROBERTSON, C.E., Pröllochs, N., *et al.*, 2023, « Negativity drives online news consumption », *Nature Human Behaviour*, n° 7, p. 812-822.

ROZIN, P., ROYZMAN, E.B., 2001, « Negativity bias, negativity dominance, and contagion », *Personality and Social Psychology Review*, n° 5, p. 296-320.

RYAN, J., 2025, « Europe's race to rearm is pointless if its adversaries are waging war online », *The Guardian*.

SAAD, G., 2020, *The Parasitic Mind. How Infectious Ideas are Killing Common Sense*, Washington DC, Regnery Publishing.

SCHUMAN, T., 1986, « World Thought Police », *NATA Almanac*.

SCHURZ, M., RADUA, J., *et al.*, 2021, « Toward a hierarchical model of social cognition. A neuroimaging meta-analysis and integrative review of empathy and theory of mind », *Psychological Bulletin*, n °147, p. 293-327.

YAO, J.Y., NING, K.P., *et al.*, 2024, « LLM Lies : Hallucinations are not bugs, but features as adversarial examples », *ArXiv*, 2310.01469 [cs].

YARCHI, M., BADEN, C., Kligler-Vilenchik, N., 2021, « Political polarization on the digital sphere : a cross-platform, over-time analysis of interactional, positional, and affective polarization on social media », *Political Communication*, n° 38, p. 98-139 ; https://doi.org/10.1080/10584609.2020.1785067

YE, J., LUCERI, L., FERRARA, E., 2024, « Auditing political exposure bias : algorithmic amplification on Twitter/X approaching the 2024 US Presidential Election », SSRN *ArXiv*, 2411.01852 [cs].

ZAHN-WAXLER, C., RADKE-YARROW, M., *et al.*, 1992, « Development of concern for others », *Developmental Psychology*, n° 28, p. 126-136.

TABLE DES MATIÈRES

RÉALISATION : NORD COMPO À VILLENEUVE-D'ASCQ
IMPRESSION : NORMANDIE ROTO IMPRESSION S.A.S. À LONRAI
DÉPÔT LÉGAL : JUIN 2025 – N° 160304 (2501391)
IMPRIMÉ EN FRANCE